Sabine Lichtenfels   Quellen der Liebe und des Friedens

Inhalt

Vorwort

„Wo zwei versammelt sind in meinem Namen, da bin ich mitten unter ihnen." Dieses Wort für die Nachfolge Jesu begleitet mich seit meiner frühen Jugend. Als Theologin und Freundin des ursprünglichen Christentums engagiere ich mich seit vielen Jahren in der Friedensarbeit. Mein wichtigstes Anliegen ist die Auflösung der Angst und die Erzeugung von Vertrauen sowohl bei den Menschen als auch zwischen ihnen und ihren Mitgeschöpfen. Alle Wesen können Partner für die weltweite Friedensarbeit werden, wenn sie im Vertrauen zueinander finden. Dafür erhalte ich immer wieder Eingaben im Gebet.

Ich lebe in Portugal in einer Gemeinschaft, wo seit einigen Jahren neue Wege der Heilung von Mensch und Natur erprobt werden. In dieser Gemeinschaft leben zur Zeit etwa 50 Personen, die keiner festen Religion angehören, aber alle aktiv einer geistigen Spur folgen. Mehrere hatten religiöse Erfahrungen, die ihnen die Einheit der Schöpfung nahegebracht haben. Viele orientieren sich an den ursprünglichen christlichen Werten von Wahrheit, Vertrauen, Nächstenliebe und Gewaltfreiheit gegenüber aller Kreatur. In dieser Gemeinschaft spreche ich jeden

Tag eine Morgenandacht. Während ich anfangs die passenden Worte suchen und die Texte vorbereiten mußte, kamen sie plötzlich wie von selbst. Und sie kamen so schnell und so eindeutig, daß ich sie morgens vor der Andacht nur noch „mitzuschreiben" brauchte. Es handelt sich um Botschaften, die ich für so zukunftweisend halte, daß ich sie gerne weitergeben möchte. Ich danke dem Verlag für seine Bereitschaft, sie zu veröffentlichen.

Wenn wir diese Botschaften ganz in uns hineinlassen, dann zieht eine friedenschaffende Kraft in unsere Seele ein. Sie weist uns darauf hin, daß die Informationen des Friedens und der Heilung schon jetzt abrufbar vorhanden sind. Jeden Tag werden wir erneut darauf aufmerksam gemacht, daß wir das Göttliche in uns tragen und verwirklichen können. Wir haben die reale Möglichkeit, uns hier und jetzt für den Frieden zu entscheiden. Es ist eine Entscheidung für das Vertrauen und gegen die Angst, für die Solidarität und gegen den Haß.

Es ist deine Entscheidung, im Namen des Friedens zu leben. Friede kann durch dich hier und jetzt geschehen. Er möchte nicht im Jenseits, sondern hier auf der Erde verstanden und verwirklicht werden. Höre auf, deine Sehnsucht immer in eine ferne Zukunft zu verlagern. Lerne es, in einer hohen Gegenwart zu leben. Lebe immer in der Erwartung einer erfüllenden Gegenwart.

Ich bin eine Frau. Vielleicht liegt es daran, daß mir die Quelle der Botschaften oft in Gestalt einer Göttin erscheint, als weiblicher Aspekt Gottes. Alles materielle Leben scheint mir „durchpulst" zu sein von einer eher weiblichen Gottheit, die manchmal mit sehr personalen Zügen vor meinem geistigen Auge auftaucht. So ähnlich haben sie wohl auch die alten matriarchalen Völker der Frühgeschichte gesehen, wenn sie zu Isis, zu Freya, zu Ischtar oder zu Nammu beteten. Es ist eine sehr lebendige und sehr gegenwärtige Erscheinung des Göttlichen. Als Theologin darf ich hinzufügen, daß selbst in der Bibel der Heilige Geist gelegentlich in weiblicher Form erscheint. In der christlichen Gnosis und in der Tradition der russisch-orthodoxen Kirche ist der weibliche Aspekt Gottes in Gestalt der Sophia bzw. der Sophia-Maria erhalten geblieben. In der Tradition der katholischen Kirche hat Maria als „Mutter Gottes" einen ähnlich hohen religiösen Stand. Aber letztlich ist Gott an kein Geschlecht, keine Namen, keine Vorstellungen, keine Kulturen und keine Zeiten gebunden. Ich bitte die LeserInnen, sich nicht an der von mir gewählten weiblichen Form zu stören. Wir alle sollten die Bilder wählen, die uns am meisten Kraft und Vertrauen schenken. Dabei handelt es sich ohnehin nur um unsere Projektionen, denn Gott ist weder männlich noch weiblich. Es ist die Weltenseele, die in allen Dingen lebt und wirkt und doch über allen Dingen steht. Es ist diese höchste Instanz der Schöpfung und der Liebe, die alle Wesen verbindet und uns aufruft, mit ihr in Kontakt zu treten. Wenn wir uns auf die Verbindung mit dieser Weltenseele einlassen, werden wir merken, daß sie sehr lebendig zu uns sprechen kann. Sie spricht uns in den Andachten immer wieder in der ICH-Form an, was mich vertraulich an die Ich-bin-Sätze im Johannes-Evangelium erinnert hat. In diesem „personalen" Kontakt mit der Weltenseele erfahren wir Hinweise, auf die wir allein nicht gekommen wären, zum Beispiel auf innere Zusammenhänge des erotischen und des religiösen Lebens.

Man wird sich vielleicht wundern, in einem Gebetbuch Ausführungen zum Thema Sexualität und Liebe zu lesen. In unserer Seele besteht ein Zusammenhang zwischen Eros und Nächstenliebe, und ein wesentlicher Beitrag zu Frieden und Heilung auf unserem Planeten liegt darin, die universellen männlichen und weiblichen

Kräfte wieder ins richtige Gleichgewicht zu bringen. Sie sollten auf dem Prinzip der Ergänzung und nicht dem Prinzip der Herrschaft aufbauen. Eine Ursache für die menschliche Gewalt liegt ja darin, daß diese Kräfte aus der natürlichen Balance geraten sind und sich gegenseitig bekämpfen, statt sich zu befruchten und zu lieben. Der Gedanke der Über- oder Unterordnung sitzt tief in unseren Zellen und hat tiefe Wunden hinterlassen. Stattdessen sollten wir unsere Köpfe behutsam wieder ins Licht einer Schöpfung recken, die diese Kategorien nicht kennt. Wir tragen den Bauplan der Liebe ja ständig in uns. Und wenn wir innerlich diesen Plan betreten, dann ist es, als würden wir durch ein Tor gehen und in eine neue Wirklichkeit schreiten. Wir sind herausgefordert, sowohl aus dem Geist der Angst, als auch aus dem Geist von Wut oder Rache auszusteigen und eine vollkommen andere Wirklichkeit zu erkennen. Dann lassen wir alle Vorwürfe und Machtspiele zwischen Mann und Frau, denn wir erkennen die Schönheit und den tiefen Frieden ihrer Ergänzung.

Ich selbst stand bereits an der Schwelle des Todes und fühle mich seitdem immer wieder neu herausgefordert, geistige Tore zu öffnen und schon hier, in diesem irdischen Leben, die Schranken zu überwinden, die uns von der Wahrheit trennen. Ich habe hineinschauen dürfen in die Geschenke der Liebe, die uns als Frau und Mann mit auf den Weg gegeben worden sind. Die Religionen haben viel getan, um diese Geschenke zu verdrängen. Möge jetzt ein neuer Geist dazu beitragen, sie wieder ans Licht zu bringen. Wir brauchen die Wahrheit und die göttliche Führung, auch und gerade im sinnlichen Bereich, denn hier liegen die größten Freuden und die größten Schmerzen sehr dicht beieinander. Und an diesem Punkt bedanke ich mich ganz besonders für die Eingebungen zu den Morgenandachten.

Stelle dir vor, du kommst vor ein Tor. Du öffnest das Tor und kommst ins Jenseits. Das Jenseits ist das Paradies, und dieses Paradies ist – die Erde. Könnte sich die Erde nicht in ein Paradies verwandeln, wenn wir die Gesetze des Glücks wieder verstehen und akzeptieren lernen? Könnte nicht viel Heilung geschehen, wenn wir wieder verstehen, daß sich die Lebensgeister des Eros nicht an

zwei Menschen binden lassen, sondern geschaffen wurden für eine universelle Feier der Schöpfung?
Dieses Buch ist als Meditationsbuch gedacht. Seine 52 Morgenandachten – für jede Woche eine neue Friedensbotschaft und einen Kraftsatz – sollen helfen, unsere alltäglichen Themen auf einer tieferen und umfassenderen Ebene zu sehen und zu verstehen. Die Texte können uns aus der gewohnten Fixierung auf Probleme erlösen und eine neue Öffnung zur Lösung hin schaffen. Da die Texte während einiger Gemeinschaftstreffen entstanden sind, spiegeln sie teilweise den konkreten Geist des Gemeinschaftslebens wieder. In erster Linie aber spiegeln sie den universellen Geist der Schöpfung, der in allen Situationen helfend und heilend wirken kann.
Für den Frieden schlage ich ein bewußtes, weltweites Projekt vor, in dem wir uns wieder mit den elementaren Schöpfungskräften verbinden und in dem wir verstehen, daß die Erde mit all ihren Geschöpfen ein atmendes, kommunizierendes, auf Vertrauen und Kooperation angelegtes göttliches Lebewesen ist. Und alles, was hier kreucht und fleucht, ist ein Aspekt des **einen** göttlichen Lebens und möchte teilhaben an der Freude des

Daseins. Alles möchte leben in der großen Verbundenheit, die wir Liebe nennen.
Mögen diese Morgenandachten ein Beitrag zur Verwirklichung sein.

Danke und Amen.
Ya azim: Gegrüßt sei das Göttliche in dir.

Kooperation mit kosmischen Kräften

Zum näheren Verständnis des Betens

Überall in der Welt gibt es abrufbare, geistige Energie – überall wirken Bewußtseinskräfte. Der Mensch kann diese Bewußtseinskräfte wahrnehmen und mit ihnen in Kooperation treten. Gebetsforschung heißt, daß ich mich auf das Schwingungsmuster der universellen Informationen einlasse. Ich trete aus dem Denken der Trennung und der Definitionen aus und lasse mich ein auf Wahrnehmung und Kooperation mit allen Bewußtseinskräften.

Im Gebet können wir die Logik der universellen Liebe studieren und verstehenlernen. Im Gebet verbinden wir uns mit der Denkkraft des Herzens.

Es gibt weder einen Gott außerhalb des Menschen, noch gibt es keinen Gott. Der universelle göttliche Aspekt der Schöpfung möchte sich durch uns Menschen verwirklichen. Dies ist ein dialektischer Werdeprozeß. Das Göttliche ist die höchste schöpferische und geistige Zielgestalt des gesamten Universums und allen Werdens. Der Mensch hat die Aufgabe, diese göttliche

Bewußtseinskraft auf die Erde zu holen und zu verwirklichen.
Ausgelöst durch Marx, Nietzsche und andere haben wir eine Phase des Atheismus durchlaufen. Religion galt als das Opium des Volkes. Diese geschichtliche Phase war wohl nötig, um gründlich aufzuräumen mit der Religionsgeschichte, aus der wir kommen. Wie viele Kriege sind aus einem falschen Religionsbild hervorgegangen! Dieser Terror-Gott war existent durch die gebündelte Kraft der Menschen, die ihn als Idee gebaren und verfestigten. Sie schafften es, daß Milliarden von Menschen ihn anbeteten und dadurch seine grausamen Wirkungen hervorriefen. Es war nicht der Geist der Liebe, es war der Geist der Strafe, der Macht und Unterdrückung, der hier hervorgerufen wurde. Kulturen gewannen immer dadurch an Macht, daß sie Ikonen schufen, die eine hohe Wirksamkeit hatten.
Heilung geschieht nicht so sehr durch Abschaffung der Religion. Das Leben selbst hat einen religiösen Aspekt. Wir stehen vor der Herausforderung, den sakralen Charakter des Lebens zu ehren und ihm wieder den gebührenden Platz zu geben. Wir können wieder eintreten in das Wunder der Schöpfung und der Wahrnehmung. Wir

können bewußt die universellen Bewußtseinskräfte abrufen, die wir wünschen, und die der Humanität des Lebens dienen. Auch hier gilt immer das dialektische Prinzip. Es liegt an uns, welche universellen Kräfte wir abrufen und verwirklichen. Deshalb brauchen wir natürlich Befreiung von allen alten religiösen, moralischen und liebesfeindlichen Vorstellungen, Befreiung von dem immer noch latent in uns wirkenden strafenden Gott. Was die universelle Kraft der Liebe sein könnte, wie sie wirken kann, das gilt es erst zu erforschen. Der humane Gott oder eine umfassende liebende Muttergottheit existiert bereits in der höchsten Sehnsucht des Menschen. Und die göttliche Kraft einer humanen Welt konkretisiert sich immer mehr und gebiert aus einem neuen, höheren Prinzip heraus eine neue Friedenskraft. Hier verbinden sich Weltkraft und humanes Wollen in ihrer reinsten Gestalt und höchsten Potenz. Die universelle Bewußtseinswelt will uns nicht klein und untertänig, sondern in unserer vollen göttlichen Präsenz und Verwirklichungskraft. In diesem Sinne braucht der Mensch die humane göttliche Kraft, und Gott braucht den Menschen zu seiner Verwirklichung. Wer die Verwirklichung einer humanen Welt will und an die Möglichkeit ihrer Erfüllung noch glaubt, der wird die Resonanzräume von Bewußtseinskräften erforschen, durch die diese Kooperation entstehen kann. Denn nur durch diesen Prozeß vermag feldbildende und heilende Veränderung überhaupt einzutreten. Die Idee, daß es ein humanes Bewußtsein im Universum gibt, ist die stärkste Antriebskraft für ihre Verwirklichung. Durch die volle Verbindung mit dieser Idee entsteht die höchste Kraft, der höchste Wille und das größte Vertrauen. Indem ich mich zur vollen Verbindung mit dieser Idee entscheide, wird sie zu einer ganz personalen Gotteserfahrung, zu einer unendlichen Krafttankstelle. Letztlich ist nur in Verbindung mit dieser göttlich humanen Quelle Vertrauen überhaupt möglich. Sie ist die Quelle meines schöpferischen Handelns. In ihr verwirklicht sich das dialektische Prinzip von Zeugung und Gezeugt-Werden. Der Begriff der Schöpfungsreligion ist für diesen Vorgang sicher angemessener als der Begriff der Erlösungsreligion, die uns das Paradies im Jenseits und einen Gott außerhalb von uns selbst versprochen hat, um uns auf dieser Erde gefügig und regierbar zu machen.

Eine wesentliche Quelle im Gebet ist der Dank. Oft komme ich erst durch den Dank in die volle Wahrnehmung für das, was mir aus der Welt entgegenkommt. „Gebet – Nehmet – Danket", wurde mir an einem frühen Morgen eingegeben. Einfacher kann man den Vorgang eines jeden Gebetes kaum beschreiben. Noch nie zuvor ist mir die doppelte Bedeutung des Wortes *Gebet* so bewußt geworden wie an jenem Morgen.

Neben dem Geben ist die Bitte ein wichtiges Element im Gebet. Informiere den Kosmos darüber, was du wirklich wünschst und brauchst, und du wirst es erhalten. Mit unterwürfigem Flehen kann der Kosmos nichts anfangen, im Gegenteil, er wünscht den freien Menschen, der schlicht und einfach informiert. Es liegt an uns, unsere Wünsche so eindeutig zu formulieren, daß sie auch verstanden werden können. Wenn heimliche Wünsche und Ängste unserer formulierten Bitte entgegenstehen, dann ergibt dies ein „Rauschen im Kanal". Und die Welt kann nicht antworten, weil die Informationskanäle verstopft sind.

Ein weiteres wesentliches Element für das Gebet ist die innere Widerspruchslosigkeit. Wenn ich zum Beispiel innerlich voller Gewalt stecke, ohne es zu wissen, kann ich nicht wirksam um Frieden bitten. Bei intensiver Gebetsforschung werden wir automatisch zu einer Selbstveränderung kommen. Wir stoßen auf viele Glaubenssätze oder alte Ängste, die der Verwirklichung unserer eigentlichen, höheren Gestalt im Wege stehen. Gebetsforschung ist deshalb immer auch Bewußtseinsforschung der eigenen seelischen Prozesse. Es wird auf der Erde keinen Frieden geben, solange in uns selbst Krieg ist. Und wer gegen den Krieg ist, braucht eine Vision für den Frieden, auch in sich selbst.

Für jede Friedensarbeit ist es deshalb wichtig, daß wir die Bilder für einen umfassenden Frieden überhaupt zu sehen beginnen. Wir sind herausgefordert, die Bilder unserer wahren Sehnsucht, die latent in unserer Seele schwingen, wieder ernst zu nehmen und zu wirksamen Ikonen werden zu lassen.

Das Gebet verbindet sich in seiner umfassendsten Form mit der Visionskraft einer neuen Schöpfung. Diese neue Schöpfung ist aber nichts Beliebiges, sondern entwikkelt sich aus den bereits vorhandenen Schöpfungskräften und aus der Kooperation mit ihnen.

Die hier versammelten Andachten sind selbstverständlich nicht an bestimmte Gottesvorstellungen oder Glaubenszugehörigkeiten gebunden. Niemand muß an Gott glauben, um beten zu können. Er muß allerdings den unbedingten Willen haben, sich neue Bewußtseinsräume zu erschließen, alte Glaubenssätze zu hinterfragen und sich von Vorurteilen zu befreien. Ein Atheist kann die Andachten genauso als Kraftquelle nutzen wie ein Gläubiger. Meine Sprache gibt den Andachten vielleicht eine gewisse Prägung – das damit Gemeinte ist aber für jeden erfahrbar.
Durch die Morgenandachten erlebe ich bewußt meine Einbettung in ein großes Ganzes, das Universum. Ich erfahre mich selbst als wesentlich am Schöpfungsvorgang beteiligt und erlebe die Verbundenheit aller Dinge. Diese Wahrnehmung führt mich hinein in einen großen universellen Energiekreislauf.

In der Meditation nehme ich wahr, daß die gesamte Biosphäre auf Vertrauen und Kommunikation angelegt ist. Wenn ich im Vertrauen bin, kommuniziere ich anders als im Zustand des Mißtrauens oder der Angst. Im Vertrauen öffne ich alle meine Sinne der Welt entgegen; in der Angst oder im Mißtrauen jedoch verschließen sich meine Kommunikationsorgane auf der Stelle, und ich bin nicht mehr offen für die Wahrnehmung. Durch die Art meiner Kommunikation schaffe ich jeweils eine andere Realität. Es ist ein wesentlicher Aspekt der Gebetsforschung, die Kräfte des Vertrauens zu schulen. Es ist eine Entscheidung, den Weg des Vertrauens zu gehen.

Die universellen Bewußtseinskräfte des Menschen sind angewiesen auf Rückkoppelung und Information. Die Quelle dafür muß benutzt werden, sonst wird sie schal. Der Mensch ist ein ganz wesentlicher Teil dieser Quelle und ihrer ständigen Verwandlung und Erneuerung. Wenn der Mensch nicht informiert und rückkoppelt, dann fehlt dieser Teil in der Informationskette. Dadurch entstehen Fehlentwicklungen. Bildlich gesprochen: Der Computer hat notwendige Eingaben nicht bekommen und gibt deshalb falsche Antworten aus. Die

Krankheiten, die daraus hervorgehen, halten wir dann für Gesundheit und Normalität.

Der Mensch hat seine spirituelle Herkunft vergessen, die spirituelle Welt den materiellen Daseinsraum. Auf beiden Seiten ist das Vergessen gleich groß. Das Gebet ist die Arbeit an der Wiederherstellung einer natürlichen Verbindung. Durch die Kontinuität im Gebet geschieht die Erinnerung und Bewußtwerdung unserer eigenen Herkunft, unseres Willens und unseres eigentlichen Zieles.

In diesem Sinn wird schließlich das Leben selbst zu unserem Gebet, indem wir uns ständig neu in den Vertrauenskräften schulen. Das Leben selbst hält eine Antwort für uns bereit, wenn wir sie hören wollen. Ich habe diesen Zusammenhang oft in Situationen der Not erlebt. Solange ich mich an meine Not klammere, kann die universelle Wirklichkeit der Liebe nicht bis zu mir vordringen. Deshalb ist das göttliche Leben immer ein Kommunikationsvorgang zwischen Mensch und Welt. Das echte Gebet ist der Eintritt des Menschen in den Prozeß der Schöpfung, als voll beteiligte und mitverantwortliche Person. Hier liegt seine Aufgabe, seine Verpflichtung und seine Freiheit gleichermaßen. Hier vollzieht sich die geschichtliche Geburt des humanen Menschen.

Ich muß mich dann nicht mehr hinsetzen, die Augen schließen und beten. Aus der Verbundenheit heraus erhält jeder Ruf eines Vogels, jeder Telefonanruf und jede Begegnung ihre Bedeutung und Verheißung.

Erst wenn unsere Sinne frei geworden sind, können wir wieder wahrnehmen, in welchem Zustand der Angst die gesamte Erde lebt. Wer ernsthaft mit der spirituellen Forschung beginnt, wird automatisch zu einem politischen Menschen. Wir erkennen unsere Aufgabe wieder als Hüter der Erde, wir erkennen, wie wesentlich es ist, daß wir zu dem wahrnehmenden und sprechenden Organ werden, als das wir eigentlich gedacht sind. Die Entstehung eines weltweiten Friedens hängt von unserem Tun ab. Es gibt keinen humanen Gott ohne den Menschen. Ein Gebet, das aus der Liebe kommt, sucht automatisch nach Antworten für das unterdrückte Leben, sucht nach Überwindung in jeder Situation der Gewalt.

Eine wesentliche Quelle für eine spirituelle Lebensführung liegt im Bereich des Eros. In den frühen Urkulturen war es selbstverständlich, die erotische Feier als Dank an die Göttin und die Schöpfung einzusetzen. Es war klar, daß der Eros eine göttliche Kraft und Quelle bedeutete und keine private. In einer erotischen Lebenspraxis geht es darum, das spirituelle Lebenswissen in unseren Leib und unsere Sinne zu holen. Am Gelingen einer erotischen Lebenspraxis entscheidet sich ganz wesentlich, ob wir die Erfüllung im Jenseits oder im Diesseits suchen, ob wir zu nüchternen und frustrierten Pragmatikern werden oder das Wunder der Schöpfung zu feiern verstehen. Es geht gerade nicht, wie viele spirituelle Lehrer meinen, um die Überwindung der Sexualität, sondern um die Geburt des erotischen Menschen. Der Eros erlangt seine volle Blüte, wenn das kosmische Bewußtsein in ihm präsent geworden ist. Nur wenn das geschieht, ist die kosmische Liebe nicht mehr getrennt von der sinnlichen Liebe.

Möge die Göttin in uns und durch uns wirksam werden. Mögen die Kräfte eines weltweiten friedenschaffenden Geistes sich verwirklichen. Im Namen einer neuen sinnlichen und geistigen Kultur der Zukunft gebe ich jetzt als

Geleitwort zu diesem Buch die Stimme der Göttin wieder, wie ich sie bei einer Meditation empfangen habe.

Kriege gingen aus Ideologie hervor

Kriege gingen hervor aus Angst vor der Frau und der Sinnlichkeit.
Kriege gingen hervor aus dem Kampf gegen die Göttin.
Die Geschichte der Ketzer ist eine Geschichte der Verdrängung der Göttin. Wenn die ersten Menschen sich an dieses Wissen voll erinnern, haben sie die Macht, Jesus vom Kreuz zu holen.

Die Geschichte der letzten 5000 Jahre ist in euren Zellen als Angst abgelagert.
Angst ist auch euer Richtungsweiser. Sie ist der konglomerierte, abgespaltene Teil einer langen Geschichte und eines großen Wissens, das in euch nach Erlösung ruft.

Folge nicht der Angst. Es ist eine Theologie der Entscheidung, die immer wieder verstanden werden will.

Folge nicht dem Sog unerkannter und undurchschauter Emotionen, die seit Tausenden von Jahren den Menschen immer wieder in den gleichen Abgrund führen. Die Angst in dir sagt: Mach es diesmal anders. Nimm MICH wahr. Sieh, daß jetzt deine Schritte bedachtsam und neu gewählt werden wollen.
Du sollst kein Held sein und auch kein Feigling. Du sollst verstehen, welche Energien dein Leben immer im Unbewußten lenkten und dich trennten von der Göttin.

Wahrheiten wurden verbissen vertreten. Wahrheiten wurden auf Fahnen getragen, ohne sie im Inneren zu kennen. Luther, Müntzer, Calvin, Zwingli: Sie alle zogen in die gleiche Religion. Dann traten sie in einen Kampf der Ideologie, der Wut und des Hasses. Sie hörten nicht mehr die Stimme der Göttin und nicht mehr den Ruf des Vogels, der die Schwerter auf der Stelle niederlegen läßt.

Glaubt ihr, sie hätten so gehandelt, wenn sie es verstanden hätten, ihre Frauen wirklich zu lieben?

Wenn Frauen es wieder verstehen würden, ihre Söhne richtig zu lieben, würden sie dann noch zulassen, daß diese in Religionskriege ziehen?

Wahrheiten wurden in Gesetze und Normen gezwängt, was verheerende Folgen hat. Das nimmt den Wahrheiten die Frische der Wahrnehmung und den Atem der Liebe. Es ist somit keine Wahrheit mehr.
Die Katharer, die gewiß eine edle Seele hatten, folgten einer Ideologie. Sie kannten nicht das Gefäß der Sinnlichkeit und der weichen Kraft. Sie kannten nicht den Aspekt der Göttin, die irdisch durch alles atmet und die Wahrheiten anschmiegsam, beweglich und veränderbar macht.

Sie stellten ihre Liebe zum Licht über das Leben. Sie riefen den Gott im Jenseits an und verwirklichten ihr Schicksal auf bittere Weise.

Alle diese geschichtlichen Ereignisse bedürfen eines großen Innehaltens und einer großen Heilung durch jeden von euch.

Folge nicht der Angst. Der Schutz, den du dann erhältst, ist unermeßlich.

Folge nicht dem Heroismus und auch nicht der Stimme des Märtyrers in dir. Die Gefahr, die darin liegt, ist schmerzhaft.

Die Wiedertäufer/innen hatten angefangen, die Spur der sinnlichen Liebe wiederzuentdecken. Aber auch sie machten eine Ideologie daraus. Die Stimme der Göttin, die gerade wieder begonnen hatte, sich der feineren sinnlichen Wahrnehmung zu offenbaren, wurde mit Vehemenz bekämpft. Statt der Spur zu folgen, wo ein Mann noch einmal ganz schüchtern seinen Liebesweg aufnimmt, brachten sie die weibliche Stimme in sich und anderen zum Schweigen und zogen es vor, mit gehißten Fahnen ihren eigenen Untergang einzuleiten.

Sie kämpften mit den falschen Mitteln gegen eine Welt, die sie selbst in sich noch gar nicht verstanden hatten. In ekstatischem Wahnsinn hatten sie begonnen, sich gegenseitig zu bekämpfen.

Folge der Spur, die es möglich macht, das Gleichgewicht zwischen deinen Innenvorgängen und den Vorgängen in der Welt um dich herum zu verstehen und hier die Weichen neu zu stellen.

Nimm wieder wahr, daß Wahrheit durch jedes menschliche Auge anders leuchtet.

Es gibt nur ein Gesetz des Lebens, und das ist das Gesetz der Liebe.

Verstehe die Aufgabe des Menschen, das Gleichgewicht zwischen Himmel und Erde zu hüten und die Verantwortung anzunehmen.

Es ist die Angst, die Menschen beherrschbar macht. Es ist die Angst, die es möglich macht, dem Bann des Hasses selbst zu erliegen. Es ist die Angst, die in den Heroismus treibt.

Folge nicht mehr der Angst, und du wirst auch nicht mehr der Gewalt folgen.

Dieser Satz ist nur auf einer sehr tiefen Ebene zu verstehen. Denn hat ein Mensch sich erst einmal für die Gewalt entschieden, dann ist auch das ein scheinbarer Schutz vor seiner Angst. Im Allertiefsten aber sitzt ein Angsttuberkel, von dem er nichts mehr weiß und der so lange sein Leben lenkt, bis er sehend und erkennend wird.

Ein Mensch, der dem Täterimpuls der Gewalt folgt, wird automatisch auch dem Opferimpuls folgen, bis er sehend und verstehend wird.

Macht es nicht mehr möglich, daß Menschen mit solch grausamen Mitteln gegen euch kämpfen, **indem ihr ihre Methoden in euch selbst durchschaut und deshalb ganz verlassen könnt.**

Lernt es, euch in der Öffentlichkeit frei von Ideologie zu bewegen.

Gebt der Feindschaft keine Nahrung mehr, indem ihr selbst dieses Feuer nicht mehr schürt.

Wenn ihr der Wahrheit folgt in ihrem beweglichen, anschmiegsamen, tänzerischen, weiblichen und männlichen, wahrnehmenden und schöpferischen, leiblichen und liebenden Aspekt, dann tritt ein großer Schutz ein.

Ihr findet die richtigen Worte und Taten.

Ihr werdet die Welt nicht mehr verändern wollen, indem ihr andere überzeugen und bekehren wollt. Ihr verändert sie durch Selbstveränderung, durch die Kraft des Lebens selbst und durch die Anteilnahme, die daraus erwächst.

Natürlich seid ihr dann in der Lage, angstfrei zu sagen, was ihr wirklich denkt. Es gibt große Ketzergestalten, die diesem Weg bis in den Tod gefolgt sind. Sie standen unter einem großen Schutz. Sie sind nicht der Angst gefolgt, auch nicht in der Stunde des Todes. Sie tragen jetzt ein großes Wissen in sich.

Durch ihren Weg kann das Wissen wieder abgerufen werden, das jahrtausendelang in der Angst beherrscht und gebannt war.

Wenn du dieses in der Angst gebannte Wissen erlöst, wirst du zur Friedenshüterin. Denn hier liegt ein großes, gespeichertes Wissen bereit, das so lange unter fremder Hypnose stand.

Bringt dieses Friedenswissen wieder zum Atmen, indem ihr die Göttin wieder zum Leben bringt.

Die folgenden Meditationen mögen dem dienen.

ICH möchte in dir einen Anker zur Neuschöpfung finden

Öffnet euer Herz und euren Leib, damit der Geist der Schönheit in euch einziehen kann.

Laß MEINE Worte, MEINE Gedanken und MEINE Taten die deinen sein auf deine einzige und unersetzbare Weise.

Schwinge dich auf zu der Höhe deines Geistes, die deiner Seele Flügel verleiht. Verbinde dich mit der geistigen Ebene in dir, wo die Weltenseele in dir schwingt. **Denn ICH bin in allem, was ist.**

Sprenge den kleinen Käfig des Egos, wo du für groß hältst, was klein ist, wo deine Gedanken schwer werden und der Alltag grau, weil du etwas zu sein glaubst, was du nicht bist, und weil du an Dingen hängst, die keinen Bestand haben.

Du bist viel mehr als dein Ego. Laß ab von falscher Eitelkeit, so daß ICH, die Weltenseele, durch dich wirken kann.

ICH bin jetzt.

Das einzige, was du brauchst, ist der Mut und die Sammlung. Lerne täglich neu, was es heißt, dich mit MIR zu verbinden und nicht zu erschrecken vor der wirklichen göttlichen Größe, die durch dich wirken möchte.

Sei dir selbst treu – und daraus folgt, wie die Nacht dem Tage: Du kannst nicht falsch sein gegen irgendwen.

Begrüße in allem, was dir heute begegnet, das Göttliche, denn wisse, daß ICH überall zu finden bin. **In allem leuchtet dir ein Aspekt MEINER selbst entgegen. Verbunden mit MIR wirst du alles anders sehen und anders verstehen, weil ICH in allem bin.**

Verbunden mit MIR ist Trennung oder Einsamkeit eine Illusion.

Verankere die Worte, die Taten und Gedanken, die aus MIR zu dir kommen, fest in deinem Herzen. **Denn ICH bin die Weltenseele, die durch dich wirken möchte.**

ICH liege hinter dem Land der Zweifel, durch das du immer wieder hindurchgehen mußt, um MICH ganz zu erkennen. Du erkennst MICH an der elementaren Kraft und Freiheit, die von MIR zu dir kommt.

ICH möchte in dir einen Anker der Neuschöpfung finden.

Durch dich leuchtet die Weltenseele auf deine unersetzliche Weise. Du wirst gebraucht in deiner eigentlichen Kraft und Schönheit, die jenseits aller Vergleiche liegt.

Da wo du ganz bist, weil ICH durch dich in voller Freiheit leuchte, da bist du schön, da bist du wahr. Da verschwindet die Angst, weil du geborgen bist und getragen in MIR.

Da haben deine Worte, Gedanken und Taten ihre authentische Kraft, weil sie zu tanzen verstehen in dem göttlichen Licht. Tu dich auf, werde Licht, denn dein Licht kommt.

Hier können sich die Wunder manifestieren, auf die die Erde schon so lange wartet. **Schwinge dich auf zu der Höhe deines Geistes, wo ICH, die Weltenseele, ganz durch dich wirken kann.**

Mache diesen göttlichen Tag zu deinem Tag. Es gibt ihn nur einmal. Verbinde dich schon jetzt mit dem Geist der Dankbarkeit für diesen Tag, denn Dankbarkeit ist eine hohe Kraft der Manifestation.

Danke, ya azim und Amen!

Du wirst gebraucht in deiner eigentlichen Kraft und Schönheit, die jenseits aller Vergleiche liegt.

ICH bin immer da

ICH bin immer da. Es gibt nichts, das ohne MICH ist.

Es ist das Geplapper der vielen Dialoge, es ist das Gestrüpp vieler Projektionen, es ist die Illusion der Getrenntheit, die dich von MIR fernhalten.

ICH bin stetige Wandlung. Es trennt dich von MIR noch jener Geist, der nicht bereit ist, sich mit der steten Kraft der Wandlung zu verbinden. Wenn du festhältst am Alten, dann werden die Tage mühsam und schwer.

Oft denkst du, es würde sehr eilen. Du beginnst, hin und her zu hetzen von einem Vorgang zum nächsten. Es eilt in der Tat. Gerade deshalb kommt es auf die richtige Geschwindigkeit an, die aus der Ruhe kommt, auf daß du tief in der Kraft des Vertrauens gegründet bist.

Verankere dein Herz in MEINER Ruhe und in MEINER Kraft.

Verbinde dich mit dem Geist der Gegenwärtigkeit, aus dem heraus die Dinge alle zur rechten Zeit geschehen.

Dann kannst du vieles lassen, was dein Herz unnötig beschwert, und du wirst handeln in höchster Präzision und Kraft.

In MIR werden die Dinge weder schnell noch langsam. Sie finden aber die nötige Leichtigkeit, so daß sie beweglich werden. Sie werden alle aus der Ruhe und der Kraft geboren.

Vertrauen entsteht durch die richtige Geschwindigkeit. Das wirst du lernen, wenn du dich mit dem Geist der Erde verbindest, denn nur hier walten Raum und Zeit. Sie sind das Kleid der Erde. Ihr Herzschlag ist auch dein Herzschlag, ihr Rhythmus ist auch dein Rhythmus. Ihr Sehnen ist auch dein Sehnen, und ihr Schmerz ist auch dein Schmerz, wenn du mit MIR verbunden bist.

Mache deinen Leib zu einem Tempel des Göttlichen, und gib ihm jede Nahrung in dieser Haltung. Mache dich zum Boten der göttlichen Kraft, und mache deine Stimme zu ihrer Stimme.

Schwinge dich auf zu der Ebene, wo du alles Seiende verstehen kannst, weil du Teil von ihm bist. Denn es gibt nur ein Sein.

Verankere den göttlichen Eros in dir, und laß ihn durch dich walten. Mache seinen Gang zu deinem Gang, er ist überall vorhanden.

Mit der erotischen Liebe verbunden tanzen deine Worte und Taten im göttlichen Licht der sinnlichen Schönheit.

Unendlich schön ist die Kraft des Vertrauens. Tu dich auf, werde Licht, denn dein Licht kommt. Schwinge dich auf zu der Höhe deines Geistes, wo ICH, die Weltenseele, ganz durch dich wirken kann.
Danke, ya azim und Amen!

Verankere dein Herz in MEINER Ruhe und in MEINER Kraft.

Es gibt keine Feinde

Heilung gibt es nur, wenn du die Liebe annimmst. Frieden wirst du erst bewirken können, wenn du den Frieden in dir gefunden hast.

Friede ist in dir und allen Wesen angelegt. Wie ein Samenkorn wartet er darauf, von dir entdeckt und entwickelt zu werden. Tue die Dinge, die du tust, mit dieser Saat in dir.

Es ist MEINE Aufgabe, überall und in allem zu sein. Es ist deine Aufgabe, dort, wo du bist, ganz zu sein und dadurch die Verbindung mit MIR zu halten. Bleibe bei MIR, denn ICH bin überall.

ICH bin auch dort, wo dir die Dinge scheinbar feindlich gegenüberstehen. Nur wenn du das verstehst, wird sich die friedenschaffende Kraft des Geistes in dir manifestieren können.

Es gibt keine Feinde, es gibt nur potentielle Freunde.

Feindschaft kommt aus der Illusion der Getrenntheit. Wenn ihr feindlich denkt, dann seid ihr getrennt von euch selbst und getrennt von dem einen Sein. Ihr habt eure eigenen negativen Aspekte noch nicht richtig sehen und verstehen können. So verurteilt ihr sie in euch selbst und in anderen.

Schaue in den Spiegel deiner eigenen Seele. Sammle deinen ganzen Mut, um vor den Bildern, die dir noch nicht gefallen, nicht zu erschrecken. Schau sie ganz an. Auf dem tiefsten Grund findest du immer zu MIR. Hier findest du auch die Informationen, wie Angst, Schreck und Gewalt überwunden werden können.

Bedenke, daß ihr alle Opfer und Täter wart. Was du heute bei anderen verurteilst, bist du vielleicht früher selbst gewesen.

Die Aufforderung zum Umdenken gegenüber den Feinden erscheint euch nur so lange moralisch, wie ihr noch einen Gott im Äußeren sucht, der über euch richtet.

Denn so habt ihr auch einen Richter in euch, der über euch und über andere richtet. Das ist der Gott des Alten Testaments. Es ist euer eigener verurteilender Blick, der aus der Getrenntheit kommt.

Wenn ihr in MEINER Verbundenheit seid, könnt ihr den anderen von der Verurteilung erlösen, indem ihr euch selbst daraus erlöst.

Wenn sich dieser Friede in den Seelen ganz manifestieren kann, dann ist die verändernde Kraft riesig, denn die Kraft des Friedens ist eine göttliche Kraft.

Heilung gibt es nur,
wenn du die Liebe annimmst.

Die Raupe trägt in sich den Schmetterling

Es ist eine starke Kraft, die darauf wartet, von dir empfangen zu werden. Durch sie wandelt sich alles, und du siehst alles in einem neuen Licht.

Sie braucht als Geburtskanal deinen Willen und dein geöffnetes Herz, damit sie sich in dir manifestieren kann. Dem Wollenden ist das ganze Universum die Plazenta für sein Werk.

Erkenne, daß ein ganzes Universum in deinen Zellen tanzt.

Aber denke nicht, daß es jetzt um Entgrenzung und Aufhebung aller Grenzen geht. Für das grenzenlose Sein gibt es genügend Zeit und Raum in der Ewigkeit, dort, wo es keine Zeit mehr gibt. Jetzt aber befindest du dich auf der Erde. Hier wartet die Kunst der richtigen Begrenzung auf dich.

Eine Form lebt von der Begrenzung. Eine Form ist dafür da, eine Kraft zu verführen und einzufangen. Gib deinen Gedanken, deinem Handeln und deinem Sein die schöpferische Form durch bewußt gewählte Entscheidungen.

Das irdische Dasein wartet darauf, daß die Kunst der Verführung erlernt wird, um das Göttliche in allen Daseinsformen tanzen zu lassen.

Suche nicht das Göttliche hinter den Dingen, sondern erkenne das Göttliche, wie es in den Dingen selbst waltet. **Warte nicht auf Wunder, sondern nimm das göttliche Wunder wahr, das sich täglich neu vor deinen Augen entfaltet.**

Trage deinen Leib wie ein göttliches Kleid, das dir geschenkt wurde, um genau in diesem Daseinsraum das Leben zu erfahren, zu sehen, zu hören, zu riechen, zu schmecken, zu lieben und zu erkennen.

Erkenne die Daseinsmöglichkeit und das Glück wieder, das in dieser Daseinsform liegt. Das Paradies auf Erden wartet noch auf seine Erfüllung. Das ist unser gemeinsamer Traum, durch den wir in ein gemeinsames Schöpfungswerk verwoben sind.

Das Fest der irdischen Liebe wartet noch auf seine Einlösung und Erfüllung. Folge deiner Sehnsucht so, daß du dich mit ihrer Erfüllung verbindest.

Das ist der Pfad der Neuschöpfung, den ICH mit dir gehe.

Jeder Hunger kann gestillt werden, jeder Durst kann gelöscht werden, jede Sehnsucht trägt die Entelechie der Erfüllung in sich.

Die Raupe trägt die Information des Schmetterlings. Wie häßlich müßte sie sich fühlen, wenn sie in sich dauernd die Sehnsucht nach einem Schmetterling hätte und dabei das Gefühl, in einen Raupenkörper verbannt worden zu sein. Doch sie kennt diese Verwirrung des Geistes nicht. Sie **ist**.

Ein Samenkorn trägt die gesamte Information der Pflanze in sich. Sie entfaltet sich nach ihren inneren Wachstumsgesetzen.

Ebenso ist es beim Menschen. Nur trägt er zusätzlich die Aufgabe der Erkenntnis und der Neuschöpfung in sich. Die Freiheit seines Geistes hat es ihm möglich gemacht, viele verschlungene Pfade zu gehen und sogar sich selbst zu zerstören.

Dein Weg wird sich leichter erfüllen und wird müheloser sein, wenn du auf deine eigene Erfüllung vertraust. Wenn du es nicht tust, ist es so, als würde sich die Pflanze selbst das Wasser abgraben, das sie braucht für ihr Wachstum.

Es ist eine Entscheidung, den Weg des Vertrauens zu gehen.

Ya azim.

Folge deiner Sehnsucht so,
daß du dich mit ihrer Erfüllung verbindest.

Eros und die Schwingung der Weltenseele

Erlebe die Geburtsstunde dieses neuen Tages in dir. Verankere dich immer wieder in dieser Stille, wenn die Ereignisse des Tages beginnen, dich vergessen zu lassen.

Universelle Liebe trägt die höchste Überlebenskraft in sich, hier bist du geborgen im All. Universelle Liebe ist die Quelle, die dich überall zu nähren vermag. Wenn du in ihr schwingst, verändert es deinen Leib, deine Gedanken, deine Taten.

Du lebst in der Schwingungsfrequenz der Weltenseele.

Ahnst du den freien, wilden, umfassenden Tanz, den deine Seele in MIR zu tanzen beginnt?

ICH bin Liebe, und Liebe ist das in dir, was alle Zweifel, alle Ängste, alle Sorgen, alle zerstörerischen Gedanken überleben wird.

Es ist die Quelle, die aus MIR fließt, wenn du in MIR deinen tiefsten Grund gefunden hast. Eros ist ein Ausdruck MEINES Seelentanzes auf der Erde.

Eros ist nicht etwas, das man kriegen oder besitzen kann. Aber er ist mit dir, wenn du seiner Freiheit in deiner Seele Raum gibst.

Eros ist eine Ausdrucksform der universellen Liebe. Wenn du versuchst, ihn einzusperren, wird er gewalttätig und führt zu Krankheit, Wut und Negation.

Wenn du ihn zu leben versuchst, ohne ihn in deinem Herzen zu verankern, wird er zerstörerisch, zerrt deine Seele fort und führt zur Sucht.

Wenn du der Stimme des Eros aus deinem inneren Zentrum folgst, wenn du dich seiner Kraft, seinem Wissen, seiner Unberechenbarkeit und seiner ewigen Jugend öffnest, dann führt er dich von einer göttlichen Offenbarung zur nächsten.

Wer den Eros festzuhalten sucht, zerstört das beflügelte Leben. Wer die Freude küßt in ihrem Flug, lebt im Sonnenaufgang der Ewigkeit.

Eros öffnet die Erkenntnis deines Leibes. Er ist die Liebes- und Erkenntnisquelle des Leibes. Er verbindet dich unmittelbar mit der Göttin.

Verbunden mit ihr weißt du, wann du zu handeln hast und wann nicht. Werde still und höre auf die Stimme.

Denn diese Welt wurde für den Eros geschaffen. Sie ist Eros. Keine Seele auf der Erde kann ohne Eros sein. Alles wurde aus Eros geschaffen und geboren.

Sexualität ist die höchste materielle Schaffensquelle. Es gibt keinen Menschen, der nicht aus dieser Quelle kommt.

Verbunden im Eros kannst du die sinnliche Treue und Schaffenskraft von Shakti und Shiva erfahren. Im Eros erkennst du die freie Seele der heiligen Hure wieder. Sie ist eine Quelle der Heilung.

Verbunden im Eros findet der Mann wieder zu seiner ursprünglichen weichen Macht und Kraft.

Eros läßt die weiblichen Zellen jubilieren und tanzen und verbindet sie mit ihrem tiefsten Wissen.

Im Eros erfährst du den göttlichen Tanz der universellen Liebe, der heiligen Hochzeit, die nicht gebunden ist an Bedingungen, nicht an Partnerschaft, nicht an Beziehung, nicht an Schönheit und nicht an Jugend.

Eros ist der Jungbrunnen für jeden erkennenden und liebenden Geist.

Der Eros ist allein gebunden an dein geöffnetes und liebendes Herz, damit seine Heilkraft in dir wirken kann.

Ya azim. Bleibe du bei MIR. So bin ICH mit dir, wo immer du hingehst.

Eros ist der Jungbrunnen für jeden erkennenden und liebenden Geist.

Schmerz der Welt

Wenn du deine Seele öffnest für das göttliche Licht in allem Sein, dann wirst du neben der großen Freude und der großen Kraft, die zu dir kommt, auch einen unendlichen Schmerz und eine unendliche Trauer erfahren. Du wirst berührt vom göttlichen Mitgefühl. **Wer sehend wird, kommt nicht daran vorbei, mitzuleiden mit aller Kreatur.**

Dieses Mitleiden ist so stark, daß es droht dich fortzureißen in persönliche Emotionen. Empört darüber, daß die Welt so ist wie sie ist, wirst du dein Herz wieder verschließen wollen. In diesem verzerrten Spiegel der Emotionen erscheint dir das Göttliche selbst als grausam und gewalttätig. Grausam aber ist der verschlossene Mensch.

Die Weltenseele ruft in dir: Bleibe auch hier sehend, bleibe auch hier bei MIR. Dann kann eine neue Heilkraft in dir wirken. Zerstöre nicht, was dich zu zerstören scheint. Denn sonst wirst du zerstört. Hasse nicht, was dich zu hassen scheint. Denn sonst bist du auf der Seite der Hassenden. Verschließe dein Herz nicht ängstlich vor der Realität, in der du lebst. Höre auch in diesen Vorgängen MEINEN heilenden Ruf, der nach neuen Wegen der Liebe ruft.

Liebe ist die einzige wirkliche Überlebensquelle. Wenn du fest bleibst in deinem Herzen, dann waltet auch im Mitgefühl die Macht der unendlichen Liebe und schenkt dir eine neue Vollmacht des Handelns.

Gerade hier wartet die Weltenseele auf die ersten Menschen, die sich nicht mehr verschließen vor MEINEM Ruf, damit das Werk der Veränderung geschehen kann. Das Leiden wird geringer mit jedem erwachenden Herzen. In MIR öffnet sich nach jeder Aufhebung einer Grenze eine neue, eine größere und umfassendere Welt.

Du kannst mit MIR bis an die Grenzen des Todes gehen ohne zu erschrecken. Du selbst wirst wissen, wann ICH dich rufe und wann es an der Zeit ist, die Welten zu wechseln.

Verbunden mit MIR erhältst du den Schutz, nach dem du verlangst. In dieser Verbundenheit kannst du hineingehen in die Zonen der Gefahr und Neues bewirken. Folge nicht der Angst. Aus MEINEM Mitgefühl wächst der heilige Zorn, der nicht aus der Rache handelt, nicht aus dem Haß, aber mit Absolutheit.

Jeder Schmerz, der der Welt zugefügt wurde, ist MEIN Schmerz und damit auch deiner. **Wenn du das Elend der Welt einmal mit MEINEN Augen gesehen hast, wirst du nicht mehr warten. Du wirst losziehen, bis du die Antworten gefunden hast, die dich mit der Vollmacht des Handelns verbinden. Du wirst handeln, wo immer du kannst. Du wirst mit geöffnetem Herzen handeln, und du wirst sehen, daß du nur durch und im Vertrauen etwas bewirken kannst.**

Ein verschlossenes Herz wirst du nicht heilen können; aber überall dort, wo die Herzen sich wieder zu öffnen beginnen, kann MEINE Heilkraft wirken. Dieses Prinzip wirkt bis in den Tod. Es gibt Menschen, die erst in der Stunde ihres Todes sehend werden. Andere bäumen sich sogar hier noch auf gegen das Gesetz der unendlichen Liebe. Erlösung gibt es nur in **ihr**.

Verbunden mit der unendlichen Liebe wirst du handelnd. Du wirst nicht länger im Gefühl der Ohnmacht verweilen. Der heilige Zorn, der aus der Liebe kommt, rüstet dich aus mit einer Kraft, die weit von sich weist, was nicht der Liebe dient. Du wirst Leben schützen, wo immer du bist. Und du wirst sterbende Seelen begleiten und ihnen die Wege weisen, wo ewiges Leben ist. Du wirst in allem, was dir begegnet, MICH aufsuchen. Denn es gibt nur ein Sein.

Der heilige Zorn ist höher als alle Gewalt. Er richtet nicht, er verurteilt nicht, er haßt nicht und er folgt nicht der Rache. Verbunden mit ihm wirst du auch nicht länger projizieren auf die Macht derer, die der Vernichtung folgen.

Es gibt den Punkt, wo sie ihre Macht vor dir verlieren. Hier waltet die Kraft der Wandlung. Verbunden mit den Gesetzen des ewigen Lebens bist du geschützt.

Wenn du diesem Prinzip des Lebens folgst, kannst du unendlich viel bewirken. Du veränderst sogar Seelen, die nur noch den Haß kennen. Wenn in dir das volle und bewußte Prinzip des Vertrauens wirken kann auch in Zonen der Gefahr und Bedrohung, dann ist deine verändernde Kraft unendlich groß. Sie wirkt über Generationen.

Es ist die einzige Kraft, die diesen Planeten zu retten und zu heilen vermag.

Liebe ist die einzige wirkliche Überlebensquelle. Sie ist die einzige Kraft, die diesen Planeten zu retten vermag.

Geistige Unterweisung für Friedensarbeiter

Tue alles, was du tust, ganz. Tue es aus deinem ganzen Herzen.

Sorge dafür, daß es dir gut geht und daß es tief gegründet ist. Damit dienst du dir und der Welt am meisten.

Habe keine Angst mehr vor den Schwierigkeiten. Für jede Schwierigkeit gibt es genügend Kraft zu ihrer Lösung. Öffne dein Herz und sei bereit zu erkennen, den Rest tut Gott in dir.

Laß ab von Eitelkeit. Eitelkeit ist der Versuch einer freien Seele, in einem imaginären Käfig des Egos zu fliegen. Solange dein Tun abhängt von den Blicken der anderen, hängt deine Seele in dem selbstgebauten Käfig fest. Sprenge deinen Käfig und lerne es, die Freiheit tanzender, kommunizierender Seelen zu erobern.

Daß du handelst, statt nichts zu tun, ist nicht Eitelkeit. Der Fehler liegt in dem Kleinmut, der nichts wagt. Was habt ihr schon gewagt, und in welcher Freiheit habt ihr schon gehandelt, als jeder Kleinmut von euch abgefallen war!

Du wirst auf der Ebene gebraucht, wo dein eigener innerer Friede ausstrahlen kann in die Welt, dorthin, wo Nichtfriede ist. Finde also deine eigene Stimme, mache sie kraftvoll und klar.

Finde die richtigen Gedanken, die dir Kraft verleihen. Die richtigen Gedanken führen immer zur Tat. Jeder Gedanke will erprobt, erlernt und zur Geburt gebracht werden.

Pflege das innere Gebäude deiner Gedanken, denn wisse, daß aus ihnen heraus Wirklichkeit geschaffen wird. Ein richtig gedachter Gedanke hat eine unendlich verändernde Kraft.

Und nimm den Spiegel der Welt an, den sie dir bietet. Hier liegt deine Realität, hier liegt deine Möglichkeit der Veränderung und Selbstverwirklichung. Hier liegt deine Möglichkeit und deine Quelle, die Welt der göttlichen Liebe in dir auf die Erde zu bringen.
Wenn du die Welt um dich herum nicht lieben kannst, wie willst du dann das Ganze verändern? Wenn du dich nicht lieben kannst, wie willst du jemals die Welt um dich herum lieben können?

Die Welt wird dir immer entgegenspiegeln, was du selbst bist. Und sie wird dir unendlichen Frieden entgegenspiegeln, wenn du den Frieden in dir gefunden hast. Dieser Friede wird vielleicht sehr anders aussehen, als du heute noch glaubst.

Die Möglichkeit des Friedens beginnt da, wo du aufhörst zu verurteilen, und wo du beginnen kannst zu sehen, zu erkennen und zu verändern, weil du die Kraft des Vertrauens in dir selbst gefunden hast.

Die findest du, wenn du in den Spiegel deiner Seele so tief geschaut hast, daß du MICH in dir wiedergefunden hast.

Sieht der Edle Gutes, so ahmt er es nach, hat er Fehler, so legt er sie ab. Hafte nicht an deinen Fehlern, es ist nur Zeitverschwendung.
Auf unsere Zusammenarbeit, ya azim!

Hafte nicht an deinen Fehlern,
es ist nur Zeitverschwendung.

Liebe und Verbundenheit

Ya azim.
Wasche dein Gesicht in Glück und Gesundheit, indem du Freude genießt.

Denke immer daran: Schwierigkeiten werden durch Leichtigkeit überwunden. Humor ist die göttliche Quelle der Wandlung dort, wo die Dinge zu schwer geworden sind, um sich noch wandeln zu können.

Du hast Arbeit zu tun. Diese Arbeit sei dein Dienst an der Welt. Deine Arbeit sei dein Liebesdienst. Deine Arbeit sei deines Lebens Leichtwerden. Wirksam ist, was in Liebe getan wird.

Deine Gedanken, Worte und Taten sind dann wirksam, wenn du mit dir und mit dem Ganzen verbunden bist.

Du bist viel freier als du denkst. Bewege dich dorthin, wo deine Seele Flügel hat.

Sind deine Gedanken kritisch oder gar zerstörerisch, so sammle dich. Verbinde dich mit der Transformationskraft, wo auch kritische Gedanken ein Beitrag im schöpferischen Kontinuum werden.

Wenn du Hilfe brauchst, dann rufe MICH an. Halte inne. Wisse, daß immer eine Weltenseele in dir waltet, die eine Antwort kennt, wenn du sie durchläßt.

Du kannst deine ganze Einstellung und Sichtweise in einem einzigen Augenblick ändern. Lerne so zu leben, daß du es kannst.

Du hast die Aufgabe, Vergangenes zu bereinigen, die Gegenwart zu pflegen und für die Zukunft Sorge zu tragen. Die eine bricht zusammen vor der Fülle dieser Aufgabe; die andere beginnt zu jubilieren ob der Fülle dieser Möglichkeiten.

Wenn du MICH hineinläßt, beginnst du leicht zu werden.

Was du jetzt an Frieden schaffst, was du jetzt zu versöhnen vermagst, das trägt die Keimkraft einer ganzen Welt in sich und die gesamte Wachstumskraft für ein neues Werden. **Es ist die Geburtsstunde für ein neues Morgen und die Heilkraft für deine Vergangenheit.**

Wenn du in der Stille deines Herzens die richtigen Gedanken findest, dann kannst du die ganze Welt bewegen, als drehte sie sich auf deiner Hand.

Bleibe verbunden mit der dienenden Liebe.

Sie schützt dich vor dem Gefühl der Getrenntheit, sie schützt vor Größenwahn oder Eitelkeit, sie schützt auch vor falscher Kleinheit.

Alles, was aus Liebe getan wird, zieht auch Liebe an. Laß dich nicht entmutigen, wenn die Liebe nicht sofort zurückgegeben wird. Wisse, daß Liebe zurückkommt, wenn du bei der Liebe bleibst.

Die erste Frage lautet nicht: Werde ich geliebt? Die erste Frage lautet: Wie lerne ich es, die Gesetze der Liebe zu verstehen, die durch mich wirken wollen? Die Gesetze der Liebe überwiegen jede Getrenntheit. Die Kräfte der Liebe vermögen Schmerzen zu stillen. Die Kräfte der Liebe können Schuld tilgen.

Verbunden mit der Liebe gibt es echte Vergebung, weil du plötzlich mit den Augen des anderen siehst.

Indem du dem anderen die Aufmerksamkeit und die Sichtweise schenkst, die aus Liebe kommt, öffnet sich plötzlich auch sein erkennender Blick.

Ya azim. Gesegnet sei dein Tag.

Du bist viel freier als du denkst.
Bewege dich dorthin, wo deine Seele Flügel hat.

Verhalten gegenüber dem scheinbaren Feind

Es gibt keine Feinde, nur potentielle Freunde.

Du kannst sicher sein, daß ehemalige Freunde unter denen sind, die dich heute bekämpfen.
Du kannst sicher sein, daß ehemalige Feinde unter denen sind, die dich heute lieben.
Du kannst sicher sein, daß du einmal bekämpft hast, was dich heute bekämpft.
Es kann auch sein, daß du selbst einmal jemand gewesen bist, den du heute zu deinen Feinden zählen würdest.

Du kannst sicher sein, daß auch deine Feinde deiner eigenen Entwicklung dienen, wenn du mit der Weltenseele verbunden bleibst.

Dauerhaft gibt es nur den Weg der Aussöhnung, denn es gibt nur ein Sein.

Erkenne den Feind in dir. Erkenne den Feind in deinen besten Freunden und lerne ihn zu besiegen – und du wirst deinen potentiellen Freund erkennen in deinen Feinden.

Gib ihrem hassenden Blick keine Nahrung durch deine Angst. Wisse, daß auch aus ihrem Haß eine unerfüllte Liebessehnsucht nach Leben ruft.

Aus Angst entsteht Enge; aus Enge entsteht Gewalt.

Es ist wichtig, daß du zunächst einmal still wirst. Ohne daß du wirklich still geworden bist in dir, gibt jede Reaktion nur weitere Nahrung.

Gib ihrem Feuer des Hasses, der aus der vernichtenden Leidenschaft kommt, keine Nahrung durch deine zu frühe Wut.

Du kennst die Ausweglosigkeit einer Wut, wo du wie eine Marionette an deinen Emotionen hängst, zur Genüge. Längst hast du deine Macht abgegeben.

Der heilige Zorn haßt nicht. Er hängt nicht fest an der Kette der Reaktionen. Er kommt zu dir, wenn du still genug geworden bist.

Begib dich nicht auf eine Ebene mit deinem scheinbaren Feind. Es ist die Ebene der Gegensätze: Gut gegen Böse, Aufgang gegen Untergang, Friede gegen Gewalt.

Begib dich auf die Ebene, wo alle Gegensätze sich aufheben. Von hier aus begegne deinem scheinbaren Feind mit dem Humor und der Leichtigkeit und der Kraft, welche die Kraft der Wandlung in sich tragen.

Nimm ihre Herausforderung als deine Herausforderung an, wie es Castaneda beschrieben hat bei den „kleinen Tyrannen". Entziehe deinem Gegner die Projektionsfläche, indem du alles, was du auf ihn projizierst, zu dir zurückholst.

Schaue dir das Schauspiel, mit welchen Augen er dich sieht, in aller Ruhe an, ohne zu erschrecken. Schau immer genauer hin; dann entdeckst du auch, an welchem Punkt du ihn entwaffnen kannst.

Du weißt dann auch, was er in dir liebt, was er in dir sucht, was er in dir herausfordert.

Erkenne, wie du selbst in deinen Gedanken und Worten noch die Gegensätze herausgefordert hast.

Gegensätze sind nötig, um das Spiel des Lebens in seiner Spannung zu halten. Aber hinter allen Gegensätzen gibt es etwas, das die Gegensätze vereint; etwas, das sie in eine Spannung und Distanz bringt, wo ihre Polarität dem Frieden dient.

Wenn du Frieden verwirklichen willst, mußt du die höhere Ebene kennenlernen, wo du selbst nicht identifiziert bist mit den Gegensätzen. Handle von dort aus, wo sie sich auflösen zu einer neuen Synthese.

Finde den Punkt, wo du dich nicht mehr auf deinen Gegner beziehst. Nutze seine Herausforderung, um zu dir selbst zu kommen, indem du jetzt weißt, was du wirklich bist und liebst.

Nachdem du dich in deinem Inneren mit ihm auseinandergesetzt hast, nachdem du seine Angriffe genutzt hast wie ein Aikidokämpfer, um selbst daran zu wachsen, handle. Handle jetzt ganz so, wie du es für richtig hältst.

Hole die Kraft ganz zu dir zurück. Lasse keine Angst mehr in deinen Worten und Handlungen zu.

Du wirst sehen, wie du durch diesen Vorgang gewachsen bist. Vielleicht bist du stiller geworden, behutsamer. Aber auch wissender und umfassender. MEIN schützender Geist wird jetzt mehr Welt in dir umfassen und verändern können.

Manch ein feindliches Ohr hast du auf diesem Weg zu deinem Freund gemacht. Gehe nicht den Weg des Helden. Gehe nicht den Weg des Märtyrers. Aber gehe zielsicher und klar deinen Weg, den Weg der Liebe, des heiligen Zorns und der Überwindung der Angst. Dieser Weg führt mit Gewißheit ans Ziel. Er trägt die Transformationskraft und Leuchtkraft in sich für viele.

Gehe den Weg des blinden Meisters, der auch in der größten Dunkelheit dem Licht der Erkenntnis folgt.

Wenn du bis auf den Grund deines Herzens kommst, dorthin, wo dein Herz zunächst still wird, so wirst du deine Gegner entwaffnen, weil du keine Angriffsfläche mehr bietest.

Du wirst in jedem Gegner die Projektion deiner eigenen Seele wiedererkennen und auch wissen, was ihr eigentliches Suchen und Sehnen ist.

Die beste Quelle zu dieser Verwirklichung ist dein Humor und deine unbeirrbare Lebensfreude.

Im Namen der Heilung und der verändernden Kraft.
Ya azim.

Hole die Kraft ganz zu dir zurück. Lasse keine Angst mehr in deinen Worten und Handlungen zu.

ICH bin deine höchste Pflicht

Dein Tag sei MEIN Tag, MEIN Tag sei dein Tag. Jeder deiner Tage sei eine Neuentdeckung und unser gemeinsames Fest.

Erlaube die Ausrede nicht länger, daß das nicht möglich sei wegen der vielen Pflichten. ICH bin deine höchste Pflicht, du findest MICH in jeder wirklichen Pflicht.

Verbinde dich mit MEINEM Werden, und es steht dir die gesamte Schöpfungsweisheit zur Verfügung. Dieses Leben lebst du nur einmal; es wäre absurd, es zu verpassen.

Solange du gegen MICH kämpfst, stehst du auf verlorenem Posten. **Verbunden mit MIR leuchtet aus dir die Weisheit deines eigenen Herzens.**

Warum erschaffst du dir Probleme, wo keine Probleme sind? Die Welt ist voll genug mit Trauer und Schmerz, die zum großen Teil aus der Ignoranz gegenüber dem Schöpfungsgeschehen entstanden sind.

Die Schöpfung braucht dein freies und geöffnetes und auch dein mutiges Herz, damit du mit MIR eine neue Erde und einen neuen Himmel erschaffen kannst.

ICH kann nichts tun ohne den Menschen, denn im Menschen selbst ist die Freiheit, sich für oder gegen die Schöpfung zu richten. Der Mensch aber kann dauerhaft nichts erreichen ohne MICH.

Ich bin kein Gott hinter den Dingen. Jeder sehende Mensch findet MICH in allem Sein wieder.

Immer wieder neu sage ich dir: Liebe ist nicht etwas, das man bekommen muß, das man erkämpfen muß, das man aufteilen muß wie ein Stück Kuchen, das man halten muß und verteidigen wie eine Burg. Liebe ist unendlich. Liebe bin ICH.

Wenn du zu klammern versuchst, wo Wandlung geschieht, so wirst du MICH verlieren und trübselig werden. Wenn du dich mit MIR wandelst, bleibst du verbunden mit den spirituellen Gesetzen der Lebensfreude und der Kraft.

Es ist immer genügend da, wenn du mit MIR verbunden bist. Es ist eine Frage des Lernens, wie du MICH immer und überall erkennst.

Lasse dich nicht fesseln in dem ängstlichen Käfig einer Beziehung. Überwinde deinen Stolz und mache dich frei für die Gesetze der universellen Liebe.
Erlerne die Gesetze der wirklichen Treue, indem du einen Menschen wirklich zu lieben beginnst.

Das wirst du nur können, indem du MICH wirklich zu lieben beginnst. **Denn sobald du die Aspekte in ihm erkennst, die du nicht lieben kannst, möchtest du dich abwenden. Solange du fortläufst vor den Aspekten, die dir häßlich scheinen, wirst du keine Erfüllung finden. Werde still und verbinde dich mit**

MIR. Ich trage die Gesetze einer tiefen Treue in MIR.

Die Welt sucht nach echter Partnerschaft und freier Liebe. Lasse MEIN Licht durch dich leuchten. Auf diesem Weg wirst du geführt zu den Begegnungen, die für dich bestimmt sind, und zu deinen Freunden, die schon lange darauf warten, deine wirklichen Freunde zu sein.

Die Treue, die Gewißheit, die Öffnung deines Herzens, das Vertrauen, die Erfüllung ist nicht außerhalb von dir zu finden; du findest sie in MIR. Das ist in dir. Wenn du sie dort gefunden hast, findest du sie in der Welt.

Verbinde dich mit dieser inneren Bereitschaft, das glückliche Wesen zu sein, das du bist. Das ist deine Kraftquelle für alle deine Aufgaben in der Welt.

Wenn es dir schwierig erscheint, dann nimm die Kunst zu Hilfe. **Du kannst Liebe erzeugen.**

Mache dich in MIR zum Pol aller Liebenden, und Liebe wird dir entgegenkommen im Überfluß.

Ya azim.

Die Schöpfung braucht dein freies und geöffnetes und auch dein mutiges Herz, damit du mit MIR eine neue Erde und einen neuen Himmel erschaffen kannst.

Stoppt den Wahnsinn der Normalität

Welchen Grund gibt es noch, mitzumachen bei dem, was Unglück in euch selbst und in anderen erzeugt?

Liebe beginnt mit der Selbstveränderung.

Stoppt den Wahnsinn der Normalität.
Stoppt das Massaker an Menschen.
Stoppt das Massaker an Tieren.
Stoppt die Zerstörung der Wiesen, Felder, Wälder, Bäche, Seen und Meere, die eigentlich geschaffen wären, um unsere Liebesfeste dort zu feiern.

Unsere neue Macht beginnt mit dem Austritt aus der Ohnmacht.

Alle Lebewesen haben ein Recht auf Leben.
Dieser Planet wurde als Heimat geschaffen für alle Kreatur. Da gibt es keine Grenzen und kein Privatrecht für die Reichen.

Stoppt den Wahnsinn der Mittäterschaft.
Wir essen Tiere, die in Massenkäfigen gemordet wurden.
Wir führen ein Leben des Konsums, für das Millionen von Menschen zu Sklaven gemacht werden.
Wir wählen Parfums, um unserem Freund zu gefallen – und übersehen, daß dafür Tiere gequält und gefoltert wurden.
Der neue Faschismus geht aus der schleichenden Gleichgültigkeit und Ohnmacht hervor.
In einer solchen Welt können wir nicht länger glücklich sein.

Auf der Suche nach dem verlorenen Glück wollen wir die internationale Freundschaft und Familie des Herzens wiederfinden, die für den Frieden auf diesem Planeten lebt, handelt und denkt.

Diese große Familie ist eine Familie von Pflanzen, Tieren und Menschen.

Laßt uns gemeinsam austreten aus diesem ewigen Lauf der Mittäterschaft, indem wir es wieder wagen, für eine bessere Welt zu träumen und zu handeln.

Wir lassen uns nicht länger einreden, daß wir nichts bewirken können.
Wir lassen uns nicht länger einreden, daß das, was überall geschieht, schon seinen Sinn hätte.
Wir lassen uns nicht länger einreden, daß die Anpassung an diese Welt unserem Guten dient.
Wir lassen uns nicht länger einpressen in die bürgerlichen Vorstellungen von Beruf und Zukunft.
Wir lassen uns nicht länger einpressen in die unendliche Lüge der bürgerlichen Doppelmoral.
Wir lassen uns auch nicht länger einzwängen in die bürgerlichen Käfige der viel zu kleinen Liebesbeziehungen, durch die wir die Türen verschließen vor viel größeren Liebesmöglichkeiten in dieser Welt.

Laßt uns austreten aus den privaten Käfigen der Liebe, die keine Liebe ist.

Wir beteiligen uns am globalen Krieg, indem wir zu unserem Geliebten sagen: Wenn du fremdgehst, bringe ich dich um.

Laßt uns austreten aus diesem Wahnsinn und dem ewigen Mißtrauen voreinander, durch das niemals gemeinsame Heilungskraft für eine positive Revolution entstehen kann.

Liebe ist frei und führt uns auf sicheren Pfaden, wenn wir ihr folgen. Laßt uns Orte schaffen, wo wir der Stimme unseres Herzens wieder vertrauen können. Laßt uns gemeinsam Lieder, Worte und Taten finden, die aus der Welt eine Liebesaffaire machen.

Danke und ya azim.

Laßt uns Orte schaffen, wo wir der Stimme unseres Herzens wieder vertrauen können.

Sehnsucht und Erfüllung

Stell dir vor, du erwachst eines Morgens und du hast keine Angst mehr.
Stell dir vor, du erwachst, trittst vor deine Tür und du hörst den Ruf des Vogels so, als hörtest du ihn zum ersten Mal. Du erkennst seine Sprache wieder, weil es auch deine Sprache ist.

Gedanken der Heilung werden aus geöffnetem Herzen geboren.

Du brauchst keine alte Religion mehr, keine Ideologie und keine moralischen Appelle. Verwundert stellst du fest, wie sehr auch die Religion ein Bollwerk gegen das Leben war.

Verwundert stellst du fest, wie auch dein Atheismus noch ein Kampf mit einem projizierten Gott war. Jetzt kannst du Gott Gott sein lassen, um Gottes willen.

Stell dir vor, du bist frei davon, weil du verbunden bist mit der Welt der Wahrnehmung, ganz verbunden mit der göttlichen Welt und ihrem Werden.

Dankbar nimmst du die Verantwortung an, Mitgestalter/in zu sein, indem du mit dem Schöpfungsgeist, der Weltenseele, in allen deinen Gedanken und Taten verbunden bleibst.

Du mußt nicht länger jammern und flehen, beten und hoffen auf Dinge, an deren Erfüllung du nicht glauben kannst. **Du weißt aber jetzt, daß es Durst gibt, weil es auch Wasser gibt.**

Du weißt, daß es Erfüllung für deine Sehnsucht gibt, wenn du dich ganz mit ihr verbindest und du sie ganz erkennst. Du mögest wissen, daß deine Sehnsucht einmalig ist und nur von dir ganz erkannt werden kann. Solange du noch die Sehnsucht anderer für deine eigene hältst, kannst du keine Erfüllung finden, und du bleibst getrennt.

Solange du das Wissen anderer als Schutz vor dir selbst herumträgst und als Ideologie verbreitest, kann es keinen Frieden geben. Du aber hast begonnen, dir **dein** Wissen anzueignen. Dein Leben ist zu deinem Gebet geworden.

Jetzt bist du ganz ausgetreten aus dem Vergleich und hast deine eigene Sehnsucht zu deinem Sprachrohr gemacht. Jetzt weißt du, daß du durch deine Einmaligkeit Mitverantwortung angenommen hast an dem Gesamtwerk der Schöpfung.

Gleichzeitig erkennst du in allen anderen deine Stimme wieder.

Du weißt, daß aus deiner wahren Sehnsucht dein Werden spricht und damit auch das Werden der Welt.

Du weißt, daß in deiner Sehnsucht die Erfüllung angelegt ist wie für den Dürstenden das Wasser.

Du weißt, daß deine Sehnsucht deine Quelle und Keimkraft ist, die sich entfalten wird zur richtigen Zeit. In deiner Sehnsucht liegt das eigentliche Wissen deiner ganzen Gestalt.

Weil du das jetzt weißt, bist du ruhig geworden, fest und klar. Du hältst deine stille Keimkraft klar und ungetrübt.

Das zehrende Verlangen und die Ungeduld sind von dir gewichen, und du kannst in Ruhe Tag für Tag hören auf die Antworten, die die Welt dir gibt, Tag für Tag, um dich sicher deinem Ziel entgegenzutragen.

Deine klare Sehnsucht und das Wissen um die Erfüllung sei die Nabelschnur für deinen Willen, die dich mit der Weltenseele, mit MIR verbindet, die dich trägt und die dich schützt vor falscher Religiosität, vor Ideologie oder zu früher Zufriedenheit.

Deine wahre und unverbogene Sehnsucht ist die Stimme deiner kosmischen Gestalt, die dich sicher leitet und aus dir die Gestalt gebiert, die du bist.

Ya azim.

Du weißt, daß in deiner Sehnsucht die Erfüllung angelegt ist wie für den Dürstenden das Wasser.

Nicht richten

Schmiege dich hinein in die neue Gegenwart dieses Tages. 24 Stunden in deinem Leben mögen dein Kunstwerk sein. Laß Vergangenes vergangen sein und gib dich hinein in die neue Gegenwart.

Nimm wahr, wie sich mit deiner Veränderung die ganze Welt um dich herum verändert.

Wenn du dich mit dem Schmerz deiner Vergangenheit identifizierst, verbindest du dich mit einer festgeschriebenen Zukunft, die Trauer und Schmerz bedeutet.

Wenn du nicht länger festhältst am Schmerz, wenn er dich gereinigt hat, weil du seine Erkenntnis zu dir geholt hast, dann kannst du in der Freiheit der Neuschöpfung zu tanzen beginnen.

Gib durch dein Licht und dein Leuchten dem Tag sein Leuchten zurück.

Werde nicht zum Schmarotzer der Lebensenergie, indem du dich der anstehenden Wandlung verweigerst und zum Lichtschlucker wirst. Du bist hier, um dein Licht in die Welt zu tragen. Fühle die Millionen Lichtpartikelchen, die dich umtanzen und sich in dir als Kraft der Umwandlung manifestieren wollen zu neuen Daseinsformen.

Wenn du vor Schwierigkeiten stehst, so tue dies:
Versenke dich in die Stille deines Herzens und frage dich: Wie kann ich hier am besten handeln? Öffne dich für die Frequenz, wo deine innere Stimme befreit ist von Ängstlichkeit und Zweifel, und was sie dir dann antwortet, das tue.

Und in allem, was du tust, halte die liebende Verbindung zu deinen Genossinnen und Genossen. Rechne ihnen nicht ihre Fehler vor.
Mit jedem Fehler, den du anderen aufrechnest, ohne ihnen eine Brücke der Veränderung anzubieten, baust du die Mauern des Käfigs einer alltäglichen Beziehung auf, wo es schwer wird, darin zu fliegen.

Mit jedem Fehler, den du einem anderen nur aufrechnest, verstärkst du die Fixierung und Gebundenheit an seinen Fehler.

Bevor du richtest und urteilst über einen anderen, versuche für ein paar Minuten zu verweilen und mit seinen Augen zu sehen, zu fühlen und zu denken.

Für dich ist es dann viel leichter, dich mit der Lösungsmöglichkeit zu verbinden, die in seiner Situation bereitliegt.

Erhebe dich für ihn wie Phönix aus der Asche und weise ihm die nächsten Schritte, die er tun könnte, wenn er bereit ist, die Fehler hinter sich zu lassen.

Schenke ihm etwas von der Kraft und dem Humor der Selbstveränderung.

Allein in der Benennung von Fehlern liegt keine verändernde Kraft.

Aber du vermagst vielleicht die innere Schönheit und Entelechie des anderen zu sehen. Sobald er selbst diese Schönheit wieder spürt, wirken die entelechialen Selbstheilungskräfte.

Immer wenn du dazu neigst, mit persönlicher Emotion zu reagieren, denke daran, daß es den anderen Weg gibt. Schwierigkeiten werden durch Leichtigkeit überwunden.

Akzeptiere deine eigenen Fehler: Ja, so bin ich. Erst mit dieser Akzeptanz kann die Kraft der Veränderung frei werden. Auch meine Fehler dienen meiner Entwicklung durch die Erkenntnis, die ich daraus ziehe.

Erkennt der Edle Fehler, so legt er sie ab.

Halte nicht länger fest an inneren Dialogen über dich und andere. Es ist absurd, darüber zu klagen, daß du nicht richtig gesehen oder erkannt wirst. Entzerre dein eigenes Spiegelbild, so daß die Welt dein eigentliches Leuchten wieder sehen kann.

Die Kraft wirklicher Bereitschaft erkennst du daran, daß eine große Heiterkeit einzieht. Ach so bin ich! Jetzt bist du bereit, hinter dir zu lassen, was du nicht sein möchtest. Jetzt kannst du die Fehler hinter dir lassen wie eine zweite Haut, die nicht länger zu dir paßt.

Wenn du etwas voll akzeptiert hast, bist du nicht mehr Opfer. Du kannst die Verantwortung annehmen.

Ya azim.

Die Kraft wirklicher Bereitschaft erkennst du daran, daß eine große Heiterkeit einzieht.

Bleibe verbunden

In allem, was du tust, bleibe verbunden. Erst wenn du in deinem Urteil beginnst zu trennen, wenn du MICH ausklammerst aus bestimmten Gedanken und Handlungen, wenn du meinst, daß die göttliche Kraft jetzt keinen Raum habe, dann werden die Dinge in dir gestaut, dunkel und böse. Eine große Kraft in dir beginnt zu rasen und zu wirken. Sie ist ohne Steuerung, weil du ihr die göttliche lenkende Kraft der Regie entzogen hast. Gewähre MIR den Raum in den Bereichen, von denen du glaubst, sie seien gottlos.

Krieg entsteht aus lange zurückgehaltener Energie.

Krieg entsteht daraus, daß du einen Teil deiner Seele für schlecht hältst, verurteilst und so diesen Teil deiner Kraft der Welt ständig vorenthältst, bis er eigenständig hervorbricht und zerstörend wirkt.

Die größte Staumauer des Lebens ist aus Angst gebaut.

Es liegt an dir, ob MEIN Werden jetzt durch dich wirken kann. Es liegt an deiner Aufmerksamkeit, ob die gelenkte Schaffenskraft durch dich wirken kann.
Wenn du auf ein verwelkendes Blatt schaust – siehst du den Tod oder das Leben? Wenn du auf die Raupe schaust, die sich entpuppt – siehst du den Tod oder das Leben? Wenn du auf einen Menschen schaust, der im Sterben liegt – siehst du den Tod oder das Leben?

Mache dich leer wie ein Stein, und MEINE gebündelte Schaffenskraft der Fülle kann in dich eintreten.

Verlasse die Angst. Es ist eine Entscheidung.

Selbst in großen Zerstörungen, die nicht MEIN Wille sind, liegt die Heilkraft MEINES Wirkens bereit.

Dein Wille geschehe, lasse deinen Willen zu MEINEM Willen werden. Lasse MEINEN Willen zu deinem Willen werden.

Tritt aus aus dem Wahnsinn der falschen Macht, der Angst und der Trennung.

Trennung ist eine Illusion. Nimm diese Worte nicht als Trost, mache sie zu deiner Erkenntnis. Eigne sie dir an, in allen Ereignissen und Dingen, die dir begegnen. Liebe ist eine Erkenntnis.

Auf dem tiefsten Grund der Seele werden dein Wille und MEIN Wille identisch.

Und wisse: MEIN Wille ist das Leben und nicht der Tod.
MEIN Wille ist die Liebe und nicht die Trennung.
MEIN Wille ist die Kraft und nicht die Angst.

Es lebe die Kraft der Evolution, der Erneuerung, der Schönheit, der Jugend, der Weisheit und des Alters, die in der Liebe ihren Anker und ihren Grund gefunden haben.

Ya azim!

Verlasse die Angst. Es ist eine Entscheidung.

Die Vollmacht in der Verbundenheit

Du fragst, warum es immer wieder so schwierig ist, bei MIR zu bleiben?
Bist du bereit, sehr still zu werden und die ungewöhnliche Antwort zu hören?

Die volle Antwort braucht bereits eine ungewöhnlich präsente Verfassung. Darin liegt bereits eine der Schwierigkeiten.

Da, wo für dich die größte Schwierigkeit liegt, da liegt sie auch für MICH. In diesem Sinne hält dir die göttliche Welt immer einen Spiegel deiner selbst vor.

Du wirst fragen: Hat denn Gott so wenig Macht? Hat er denn keine Macht, mich aus meiner Verzweiflung herauszuholen, oder mich aus meiner Sackgasse zu befreien, wenn ich mich in ihr verirrt habe?

Ja, die göttliche Welt hat so wenig Macht über dich, wenn du sie nicht ganz zu dir holst. Sie hat aber die volle Macht, wenn du voll mit ihr verbunden bist.

ICH kann im Menschen nicht voll wirken ohne die volle Geburtsstunde des Menschen, und die besteht darin, daß der Mensch MICH in sich wiederentdeckt und annimmt und ganz wirken läßt.

Sie besteht darin, daß der Mensch seine Vollmacht, die er durch MICH hat, wieder erkennt und annimmt, auch in schwierigen Situationen.

Sie tritt ein, wenn die Verbindung mit MIR wiederhergestellt ist.

Die Schwierigkeit besteht meistens darin, daß du in deinen schwierigen Situationen selten die Ruhe und Tiefe findest, um MICH ganz zu hören. Du schwingst auf einer anderen Frequenz, auf der die Dinge unendlich schwierig erscheinen.

Schwierig wird es für euch besonders dort, wo ihr euch in privaten und persönlichen Liebesvorstellungen verstrickt habt und mit persönlichem Verlangen oder persönlicher Verletztheit reagiert.

Leichter wird es, wenn ihr auch in den Schwierigkeiten mit MIR verbunden bleibt und ernsthaft nach MIR sucht.

Gründe dein Vertrauen so tief du kannst in MIR. ICH bin da und möchte dir einen Weg bahnen, den du mit MIR gehen kannst. Wenn du diesen Vertrauensschritt verstehst, **wird** es immer leichter gehen.

Am leichtesten und am leuchtendsten wird dein Weg da, wo du dich wieder ganz an MICH erinnerst und wo dein Vertrauen wieder so tief wird, daß du auf dem Grund deiner Seele MICH wiedererkennst.

Dein Körper und dein Geist verlangen nach dieser neuen Umstellung der Frequenz in dir.

Manchmal wählt dein Körper die Krankheit, um den Geist zu einer neuen Erkenntnis zu führen und den Körper auf die Frequenz vorzubereiten, die nötig ist für das Neue.

Wenn du diese neue Frequenzebene in dir auffindest, dann kommt die Leichtigkeit und das Spiel in dein Leben und in alles, was du tust.

Es kommt der tiefe und wissende Humor zu dir.

Es kommt das Mitgefühl und der große göttliche Ernst.

Der erste Schritt besteht darin: Suche MICH auch in deinen Schwierigkeiten und wisse, ICH bin da. Auch in der scheinbaren Gottverlassenheit kannst du MICH finden.

Bringe deinen Geist und deinen Körper in die nötige Spannkraft, daß ICH Raum in dir habe. Das ist zunächst ein tägliches Training, dann wird es dir zur Selbstverständlichkeit.

Ja, bleibe du bei MIR auch in deinen Schwierigkeiten. Die Geschenke, die du dann durch MICH und mit MIR findest, sind groß.

Gegrüßt seist du und deine Treue.
Ya azim.

Wenn du die neue Frequenzebene in dir auffindest,
dann kommt die Leichtigkeit und das Spiel in dein Leben
und in alles, was du tust.
Es kommt der tiefe und wissende Humor zu dir.

Worte der Göttin

In jeder Frau ruft ein Aspekt der Göttin und möchte wieder zum Leben und zum Blühen kommen.

Wie sollte der männliche Gott, den ihr jahrtausendelang verehrt und angerufen habt, seine Liebe entfalten, wo ihr selbst doch dauernd seine weibliche Seite unterdrückt und getötet habt? Ihr habt eurem Gott die Liebe genommen, daraus kann nur eine grausame Wirklichkeit entstehen.

ICH aber bin zutiefst weiblich. In allem, was auf dieser Erde lebt, kriecht, hört, riecht, singt, schmeckt, zirpt, atmet, leuchtet, quiekt, findest du MICH wieder.

Es ist absurd, diesen Teil der Schöpfung als niedrig, minderwertig oder gar teuflisch zu betrachten.

Wer Gott nur im Jenseits sucht, tötet das materielle Leben und damit die Göttin. ICH bin die Seele der Natur, die dem Weltall das Leben schenkt.

Ihr Männer, wenn ihr in wollüstig kreatürlicher Lust die Brust einer Frau berührt, wie oft denkt ihr noch daran, daß sich euch hier ein Aspekt der Göttin selbst offenbart?

Wenn ihr eure Arbeit verrichtet, denkt ihr noch daran, daß ihr mit der Göttin selbst zusammenarbeiten und auf MEINE Stimme, MEIN Wollen, MEIN Sehnen und MEINE Hinweise lauschen könntet?

ICH bin das Leben in der Materie. Materie ist nichts Objektives, von dir Getrenntes. Sie ist genauso voll mit subjektivem Wollen und Sehnen wie du es bist.

Verbinde dich fester mit MEINER Gegenwart. **MEIN Pulsschlag ist unmittelbar hier in dir.**

Du findest MICH im Schwein, im Kuckuck, im Blick der Nachbarin, in der Freundin, in der Grille oder in der Gottesanbeterin. In allem ruft dir MEINE Welt entgegen und hat eine Botschaft für dich.

Der Ruf einer Unke, das Gequake eines Frosches, zwei sich suhlende Schweine im Schlamm, der herausfordernde Blick einer Hure zeigen dir nichts Niedriges, das man von sich fernhalten muß, wie noch Franz von Assisi glaubte.

Sie spiegeln dir vielleicht einen Teil deiner Sehnsucht und des Verlangens wider, den du in dir selbst für niedrig hältst und der erhöht und erhört werden möchte.

Wenn du dich mit MEINER einfachen und elementaren Stimme wieder verbindest, dann wirst du von selbst zur Botin der Göttin, zur Friedenskämpferin. Du wirst dich verbinden mit MEINEM Mitgefühl und nicht mehr zulassen, daß die weibliche Stimme zum Schweigen gebracht wird.

Du wirst MEINE erotische Vollmacht, die Vollmacht der Frau, wieder verstehen und annehmen.

Du wirst aus dieser Vollmacht heraus keinen Mann mehr an dich binden wollen, denn du weißt, daß du damit seinen Haß nährst und ihn zum Krieger machst, der irgendwann die Göttin töten wird.

Du wirst deine Erfüllung und Bestätigung in MIR suchen und finden und brauchst deshalb keine Bestätigung und falschen Liebesbeweise mehr von außen.

Du wirst dich einsetzten für wirkliche Frauenfreundschaft, die auch dann nicht scheitert, wenn zwei Frauen denselben Mann lieben.

Du wirst deine göttliche Herausforderung wieder annehmen, für die Männer Pol und Orientierung zu sein. An dir und durch dich sollen Männer erfahren und lernen, was eine Frau wirklich liebt und was sie nicht liebt. Du wirst dafür sorgen, daß sie zu Dienern der Göttin werden.

Selbstverständlich wird deine Stimme Partei ergreifen. Und sie wird Partei ergreifen für die Liebe und für alle Kreatur auf dieser Erde.

Du wirst mithelfen, daß die Männer sich durch die Wahrnehmung MEINER Gegenwart in dir erneuern können und zu sinnlichen Liebhabern werden, die MEINE Ausstrahlung lieben.

Du wirst mithelfen, daß sie ihre Angst vor MIR verlieren und daß sie MIR dienen können durch ihre Liebe zu dir und deiner Gestalt.

Durch eure gemeinsame bedingungslose Liebe kann es gelingen, daß das Lied der Erde klingen kann, so wie es noch nie erklungen ist. Daß die Bäche, Täler, Flüsse, Berge und Seen zu der Feier werden können, die ICH bin. MEIN Sehnen und Hoffen sei auch dein Sehnen und Hoffen.

ICH selbst bin es, die du erhalten wirst, wenn deine Sehnsucht zur Ruhe gekommen ist.

Ya azim.

ICH selbst bin es, die du erhalten wirst,
wenn deine Sehnsucht zur Ruhe gekommen ist.

Frühlingsanfang

Tag des Frühlings. Tag des jungen Morgens und des Aufbruchs.
Mit euch und mit vielen anderen Friedensbringern auf dieser Erde kann das neue Zeitalter eingeleitet werden.
Es ist die Zeit angebrochen für eine geschichtliche Wende.

Wenn die ersten Menschen die wirkliche Sehnsucht nach Frieden in sich tragen, werden sie ihn auch finden.

Wenn du dich danach sehnst, das Richtige zu tun und den richtigen Weg einzuschlagen, wirst du dies tun.

Die Wende in ein neues Zeitalter möchte in aller Tiefe und Gründlichkeit verstanden und eingeleitet werden.

Der Weg des politischen Handelns ist ein Weg der Selbsterkenntnis.

Es sind außerordentliche Verhältnisse, in denen ihr lebt. Es sind außerordentliche Geschenke der Fülle, die euch zur Verfügung stehen. **Es gibt wenige Menschen auf der Erde, die in Umständen leben wie ihr und die Möglichkeit haben zu sehen, zu verstehen und zu handeln.**

Tretet ein in das Mitgefühl, aber laßt euch nicht erschlagen davon.

Die Menschen, die hier sind, um einen neuen geschichtlichen Frieden einzuleiten, brauchen die Kraft, um hinzuschauen und zu sehen, was auf der Erde los ist.

Sie brauchen aber auch die Kraft und die Intelligenz, um zu erkennen, was sie jetzt hier an neuen Möglichkeiten in den Händen halten.

Nehmt die unendliche Fülle eurer Erfüllungsmöglichkeiten wahr.

Frieden erschafft sich aus der bewußten Annahme der Fülle.

Schreckt nicht länger zurück vor der Größe der Aufgabe. Seht die Arbeit nicht länger als etwas, das mit Mühsal und Pein verbunden ist.

Tretet ein in die Gewässer, die euch sicher ans Ziel bringen. Der neue politische Morgen zeichnet sich dadurch aus, daß er aus der Kraft der Lebensfreude und der Erkenntnis geboren wird.

Die Pflege deiner Gesundheit und deines Wohlergehens sind Voraussetzungen dafür, den Geist offen und frei zu halten und teilzunehmen am Schicksal der Welt. Sie werden deshalb zu einer Art von innerer Pflicht.

Die neue Revolution geschieht auf leisen Sohlen. Sie möchte aus der Fähigkeit zu Lebensfreude und Wahrnehmung geboren werden. Sie geschieht in euch selbst in der Geschwindigkeit, die euch innewohnt, wenn ihr euch nicht mehr tarnen müßt vor den Blicken der anderen.

Findet den Selbstschutz durch die volle Verbindung mit dem Vertrauen. Folgt nicht der Stimme der Belehrung und Überzeugung anderer, indem ihr euch über sie erhebt.

Aus dem Versuch heraus, andere überzeugen zu wollen, sind schon viele andere Daseinsformen vergewaltigt oder vernichtet worden. Aber folgt dem Weg der inneren Wahrheit und Wahrnehmung.

Vertretet das, wovon ihr überzeugt seid, ohne euch durch die Blicke der anderen erschrecken zu lassen. Vertretet es schlicht und klar. Anteilnahme, die aus der Wahrnehmung kommt, überzeugt von selbst.

Wer entschlossen auf seiner Suche ist und seinen Weg geht, wirkt durch die Feldbildung. Ein geöffnetes Herz ist immer ansteckend. Eine liebende erotische Energie, die aus dem Herzen kommt und die Angst hinter sich gelassen hat, bildet ein großes magnetisches Kraftfeld um sich herum. Durch dieses

Kraftfeld können viele neue Kräfte und Formationen in die geschichtsbildende Wirklichkeit eintreten.

Ya azim.

Der neue politische Morgen zeichnet sich dadurch aus,
daß er aus der Kraft der Lebensfreude
und der Erkenntnis geboren wird.

Göttin unser

Ich begrüße diesen Morgen und lade die Göttin ein, sich in mir zu versammeln. Ich lade den Geist der universellen Liebe ein, durch meine Augen zu sehen, zu erkennen und durch meine Hände zu handeln. Ich lade die Göttin der sinnlichen Liebe ein, sich in meinem Leib und durch mein Tun zu verwirklichen. Ich lade den Geist der Liebe in allen seinen Aspekten ein, daß ich seine inneren Gesetze durch meine Augen sehen und verstehen kann.

Ich bin, die ich sein werde.
Ich danke für diese unendliche Möglichkeit.
Ich fülle mich mit der Festigkeit und Leere, die es möglich macht, in DIR still zu werden. Ich fülle mich mit dem Geist des Vertrauens, der es möglich macht, mit DEINEN Augen zu sehen.

Meine Zellen füllen sich mit DEINEM göttlichen Licht. Sie tanzen und jubilieren in DIR. Sie beben erwartungsvoll mit DIR zusammen einer neuen Schöpfung entgegen. Möge das Zeitalter der Partnerschaft und der sinnlichen Liebe beginnen.

Es war, als hätt der Himmel die Erde still geküßt,
daß sie im Knospenschimmer von ihm nun träumen müßt.

Der Ruf des Vogels sei mir DEIN Morgengruß. Die Landschaft der Göttin streckt sich mir entgegen und füllt auch meinen Leib mit einer neuen stillen Gewißheit für DEINE Gegenwart.

Was erwartet uns denn anderes auf dieser Erde als **die Vollmacht DEINES leiblichen und erkennenden Lebens?** Möge meine Leiblichkeit sich durch DEINE Leiblichkeit zur vollen Erfüllung bringen.

Ich danke DIR Göttin, Mutter Erde, daß DU leiblich, kreatürlich, tierlich, sinnlich und sexuell in mir und in allen Wesen bist.

Wir möchten DEINEN Geist und DEINEN Leib berühren in allem, was DU bist.

Hilf uns, DEINE Sprache und DEINE Gegenwart zu sehen und zu verstehen.

Gib die Erinnerung in unsere Zellen zurück, daß wir gekommen sind, um DEIN Paradies auf Erden zu verwirklichen.

In allen Aspekten möchten wir verstehen, was es heißt, irdisch zu leben und zu lieben in der vollen Wahrnehmung und Präsenz füreinander und für DEINE Werke.

DEIN Reich komme, DEIN Wille und DEINE Feier geschehe – hier bei uns und auf der ganzen Erde.

Ich grüße den Regen und die Spatzen vor meiner Hütte. Ya azim.

Ich lade die Göttin der sinnlichen Liebe ein, sich in meinem Leib und durch mein Tun zu verwirklichen.

Was kann ich tun?

Je leichter es dir fällt, in den Fächer der Zeit und der Verschiedenheit einzutreten, ohne die Sicht auf das Ganze zu verlieren, desto umfassender kann die verändernde Kraft durch dich wirken. In der globalen Zerstörung und in der Angst kann eine umfassendere Information abgerufen werden, in jedem Augenblick. Auf der umfassenderen Ebene schwingt die Friedensinformation. Auf der umfassenderen Ebene kann abgerufen werden, was ihr auch in schwierigeren Situationen braucht.

Wenn ihr auch euer letztes inneres Bollwerk räumt, wenn die göttliche Weltenseele auch in persönlichen oder globalen Krisen durch den Menschen erkennend schauen kann und der Mensch sich ihrem Blick nicht verschließt, dann kann MEINE Kraft der Neuschöpfung zur unbegrenzten Wirkung kommen.

Verbinde dich in deinem Herzen mit MIR auch in schwierigen Situationen.

Laßt das Ganze, das göttliche Licht in alle eure Details hineinleuchten.

Gerade in den schwierigsten Situationen möchte ICH ja entdeckt und erkannt werden.

Was du tun kannst?
Strebe nach MEINER Vollkommenheit in jedem Augenblick.

Vielleicht erscheint es zunächst kompliziert und schwer, denn schließlich gibt es auf der Erde eine jahrtausendealte Gewohnheit, MICH aus der Geschichte des Menschen zu verdrängen und MICH zu suchen, wo ICH nicht bin.

Laß MICH mit deinen Augen sehen, auch in den schwierigsten Augenblicken. Verschließe deinen Blick nicht vor MEINEM.

Dann kann sich die antwortgebende und feldbildende Kraft durch dich und deine Art der Wahrnehmung verwirklichen. Es ist ein Feldbildungsvorgang. Ihr schwingt euch ein, ihr bereitet ihn vor. Je mehr Menschen in dieser vorbereitenden Ebene bewußt wirken, desto machtvoller kann die Kraft der Wende wirken.

Dies führt zu einem geschichtlichen Umschlagpunkt. **Die neue Frequenz kann sich niederlassen auf der Erde, kann in ihr und mit ihr schwingen und als feldbildende und geschichtsbildende Kraft in allem wirken.**

Die Kraft eines vitalen, eines sinnlichen, eines gewaltigen und schöpferischen Friedens kann sich manifestieren.

Dies geschieht nicht durch Anstrengung. Es gibt viel zu viel zu tun, als daß du es aus eigener Kraft bewirken könntest.

Es genügt, wenn du dich bemühst, MICH auch in schweren Situationen wahrzunehmen. Der Rest kann dann von selbst geschehen.

Ya azim.

Laß MICH mit deinen Augen sehen,
auch in den schwierigsten Augenblicken.
Verschließe deinen Blick nicht vor MEINEM.

Verbindet euch mit MEINEM Traum

Verbindet euch mit MEINEM Traum, der auch eurer ist, und laßt aus diesem Vorgang heraus Neuschöpfung entstehen.

MEIN Traum lebt auch in der Natur und in der Landschaft, die euch umgibt. Ihr könnt euch mit diesem Traum verbinden und ihn dann gärtnerisch und ökologisch verwirklichen.

Ob ihr verbunden seid mit MEINEM Traum, erkennt ihr an eurem Kraftzuwachs. Die Verbundenheit mit dem Schöpfungstraum ist immer ein Kraftgewinn.

Erst wenn die Verbundenheit mit MEINEM Traum, dem Traum der Schöpfungsseele in allem, verlorenging, kommt das Gefühl auf, aus eigener Kraft handeln zu müssen und möglicherweise allein gegen eine ganze Welt zu stehen.

Durch euch hindurch träumt sich der Traum der Gemeinschaft.

Durch euch hindurch träumt sich der Traum einer universellen Gesellschaft und der Verbundenheit mit allem Seienden.

Verbunden mit MIR müßt ihr euch nicht länger schützen und abschotten vor einer fremden Welt. Ihr lernt, was es heißt, aus der wachen Präsenz und Verbundenheit heraus geschützt zu sein.

Verbunden mit MIR werdet ihr nicht länger in Kategorien von Besitz denken. Alles, was ihr habt, ist bei euch, damit ihr den inneren Traum erkennt und erlöst durch eure Verwirklichung.

Die Verbundenheit mit dem Schöpfungstraum ist immer ein Kraftgewinn.

Der Traum der Kinder

Gebt euren Kindern die Möglichkeit, sich mit ihrem Traum zu verbinden.

Ihr werdet nicht länger denken: Dies sind meine Kinder, sie gehören mir. Alle Kinder sind Kinder der Schöpfung, sie kommen aus MIR heraus und gehen zu MIR zurück. Sie kommen mit ihrem eigenen Lebensplan.

Möglicherweise findet ihr in euren eigenen Kindern eure kosmischen Begleiter und Lehrer wieder.

Versucht nicht, eure eigene nicht gelebte Sehnsucht durch eure Kinder zu verwirklichen. Verwirklicht sie selbst.

Hört die Sprache eurer Kinder und spürt ihren Traum, so wird auch eurer geweckt. Kinder sind ein Segen für euer eigenes Erwachen, wenn ihr anfangt, ihren Traum zu sehen und zu verstehen.

Unterstützt sie, damit ihre Weisheit zu ihnen kommen kann. Sie brauchen eure Liebe, eure Strenge, eure Klarheit und eure Wahrheit.

Vor allem brauchen sie von euch euren Austritt aus der Beziehung, so daß sie frei bleiben können für ihre Beziehung zur Welt.

Verbindet euch mit dem Traum eurer Kinder. Aus dieser Verbindung entsteht euch ein Kraftzuwachs.

Es liegt wesentlich an euch Müttern, ob eure Söhne zu eifersüchtigen Liebhabern werden und zu besitzansprüchigen Monstern – oder ob sie frei in liebender und kosmischer Verbindung in der Welt stehen.

Schützt eure Kinder, indem ihr ihnen die Freiheit gebt, die ihnen gehört. Gebt ihnen genügend Alleinsein, damit sie ihre Verbindung nicht verlieren. Schützt sie vor dem Pingpong der Beziehungen. Sorgt dafür, daß sie auch in eurer Gegenwart frei bleiben für die größere Quelle, aus der sie kommen. Nie wieder wird es so leicht sein wie in diesen ersten Jahren des Lebens, den Geist der Pflanzen, der Tiere und der Engel sehen und verstehen zu lernen.

Schützt diesen heiligen Raum der Kinder, in dem sie diese Verbundenheit mit der Schöpfung wahrnehmen können. Laßt sie ungestört, wenn sie gerade wachträumend mit der Schöpfung verbunden sind. Nutzt es für eure eigene Wiederverbindung.

Kinder haben ihre eigenen Engel, ihre Führer und Begleiter. Begleitet sie in diesen Gang der Wahrnehmung, der meditativen Stille und der Kommunikation. Werdet auch ihr ihre Begleiter und helft ihnen bei der Orientierung.

Erschreckt nicht davor, wenn sie sich vorübergehend als kleine Ekel und Monster offenbaren. In kurzem Durchlauf und Spiel wiederholen sie noch einmal den Prozeß der menschlichen Evolution und Geschichte. Gebt ihnen auch hier aus der Kraft der Ruhe eine klare Orientierung.

Gebt euren Kindern die Möglichkeit, ihr kosmisches Wesen zu finden und anzunehmen.

Ya azim.

Hört die Sprache eurer Kinder und spürt ihren Traum, so wird auch eurer geweckt.

Die große Macht der Veränderung

Es ist jetzt eine besonders günstige Zeit für die Entstehung von neuen Gedanken und für deren Verwirklichung. Haltet euch wach, auf daß sich die geistige Familie wiederfinde, die es möglich macht, das neue Zeitalter vorzubereiten und einzuleiten.

Es werden sich viele Horrornachrichten über dem Globus ausbreiten, denn noch sind die Kräfte der Zerstörung an der Macht.

Seht hin, was geschieht, aber laßt euch nicht davon wegzerren. Daneben bilden sich neue machtvolle Netzwerke des Herzens und einer neuen Politik der Verwirklichung.

Eine große Macht der Veränderung setzt ein.

Nicht zuletzt durch eure innere Arbeit, die ihr leistet, können immer mehr Heilkräfte auf die Erde einströmen und wirksam werden.

Bleibt fest und klar bei der Visionsbildung für das Zeitalter eines neuen globalen Friedens. Lernt es, die gewaltigen Elementarkräfte in eure Friedensvision zu integrieren.

Durch diese Arbeit können viele alte karmische Muster aufgelöst werden: Es ist wie ein Vorgang der inneren Reinigung und Klärung.

Folgt nicht dem Schrecken der Vergangenheit. Eine neue Gegenwart und Erfüllungsmöglichkeit möchte von euch verstanden und abgerufen werden.

ICH bin bei euch.

Ya azim.

Lernt es, die gewaltigen Elementarkräfte in eure Friedensvision zu integrieren.

Finde Ruhe und Frieden in dir selbst

Tu dich auf, werde Licht, denn dein Licht kommt.

Reinige dich täglich neu durch die Frage: Will ich zum Boten oder zur Botin eines neuen Friedens werden? Nimm dir die Zeit, in dieser bewußten Entscheidung in den Tag zu gehen.

Von vielen Menschen werden diejenigen belächelt, die ernsthaft danach fragen, ob diese Erde noch zu retten ist. „Weltverbesserer“ zu sein ist zu einem Schimpfwort geworden.

Mache den Richterblick der anderen nicht zu deinem, sondern verbinde dich mit dem Blick, der aus MEINEM Sehen kommt. Es ist der Blick der Neuschöpfung.

Wenn du jetzt in die Welt gehst mit einer neu gewonnenen inneren Freiheit, werden dich die Blicke der anderen nicht mehr aus deinem Zentrum werfen können.

Der Friede, der verwirklichende Kraft hat, ist immer zunächst im eigenen Inneren aufzusuchen. Und du findest ihn durch die Wahrnehmung MEINER Gegenwart in dir.

Suche immer wieder diesen Schutzraum MEINES großen inneren Friedens auf. Darin liegt der Schutz, den du brauchst, und die Antwort, die speziell für dich jetzt gerade die richtige ist.

Dadurch bahnst du auch anderen den Weg, durch dieses große innere Tor zu gehen, hinter dem immer neue, nie gekannte Offenbarungen auf dich warten.

Gott, die Weltenseele, ist im Inneren. Sie liegt in dir und in den Dingen. Dort kannst du ihre Schönheit, ihre Weisheit und innere Ruhe zu jeder Zeit abrufen.

Heimat gibt es nicht nur bei deinen Freunden. Heimat verwirklicht sich überall, wo du auch in Gegenwart anderer mit MIR verbunden bleibst.

Mache dich zum Pol aller wahrhaft Suchenden, indem du auch in Gegenwart anderer deiner Suche treu bleibst.

Möge der Ort, an dem ihr lebt und arbeitet, eine spirituelle Lebensschule werden, wo ihr die inneren Lebensweisheiten erlernen könnt, die euch befähigen, **überall in der Welt diesen inneren Frieden zu sehen, abzurufen und zu verwirklichen.**

Es eilt. Es bleibt keine Zeit mehr für egomanische Spiele.

Gerade weil es so sehr eilt, nimm dir die Zeit und die Ruhe, auf MEINE innere Stimme in dir zu hören. Deshalb folge MEINEM Ruf in dir und mache dich vollends zu der Kraft der Verwirklichung, die du bist.

Wage es, dich ganz mit MIR zu verbinden: Denn ich bin die Weltenseele der Natur, die dem Weltall das Leben schenkt.

Alles eilt so sehr, daß es oberstes Gebot ist, die Kraft der Ruhe aufzusuchen, die euch die Vollmacht eines neuen Handelns in euch selbst finden läßt, die euch mit der Sicht der Liebe verbindet und mit dem Vertrauen.

Durch diese innere Entscheidung findet auch eure maßlose Wut ihren festen Anker im heiligen Zorn, daraus entsteht in euch der Mut zur Selbstveränderung und zur Tat.

Vertrauen ist nicht etwas, das von selbst einfach da ist. Es ist ein aktiver Entschluß, der eine neue Verwirklichungskraft in sich trägt. Es ist eine innere Entscheidung.

Mit diesem Entschluß verläßt du den Vorwurf gegen andere und nimmst deine eigene Verantwortung wieder an.

Du, die du MICH erkennen willst:

Wisse, daß dein Sehnen und Suchen nichts bewirken kann, wenn du nicht dieses Geheimnis kennst:

Wenn du das, wonach du suchst, nicht in dir selbst findest, so wirst du es auch nirgendwo sonst finden.

Denn wisse, ICH war von Anfang an, und ICH selbst bin es, die du erhalten wirst, wenn dein Wollen und Wünschen zur Ruhe gekommen ist.

Aus dieser inneren Verbindung findest du die Quelle zum Kontakt, zur Wahrnehmung und zur nötigen Tat in jedem Augenblick.

Ya azim.

***Wenn du das, wonach du suchst,
nicht in dir selbst findest, so wirst du es auch
nirgendwo sonst finden.***

Die Aufgabe des Künstlers

Ich bitte die Kraft der universellen Liebe, mir die Wachheit und Klarheit für diesen Tag zu schenken. Ich verbinde mich mit dem Auge des neuen Sehens. Ich bitte um Durchsagen für das Thema der Kunst in unserer Zeit.

Kunst kommt nicht von Können. Kunst kommt aus der Begegnung mit dem wahren und vorurteilsfreien Sehen. In diesem Sinn ist der Künstler ein echter Zen-Meister.

Es ist gut, wenn du dein Handwerk verstehst, aber das ist noch nicht Kunst. Dein Handwerk sei eine Ausrüstung der Kraft, um den Weg der Kunst betreten zu können.

Kunst kommt aus der tiefen Verbundenheit mit der Welt der Schöpfung. Sie kommt aus der inneren Bereitschaft, Altes immer wieder neu loszulassen und sich frei zu machen für etwas Neues.

Wirkliche Kunst ist immer eine Neugeburt. Du nimmst teil an dem Aspekt des Welten-Ichs, in dem die Welt immer aus Neuschöpfung besteht.

Kunst kommt nicht von Können im herkömmlichen Sinn, aber sie kommt aus der inneren Bereitschaft der Lernenden, ihr inneres sehendes Auge so geöffnet zu halten, daß sie täglich das Neue sehen und wahrnehmen können. **Das ist das große und wahre Können eines Künstlers, das jenseits von Mode liegt und von Geschmack.**

Kunst ist immer eine Neugeburt. Halte dich bereit. Der Rest geschieht von selbst.

Kümmere dich nicht um deine Kunstfertigkeit. Sie kommt von selbst, sobald du losläßt und es verstehst, mit dem zu gehen und zu sein, was du wahrnimmst.

Tue das, was du tust, ganz. Tue es bewußt und klar, und du wirst dich aus dem Nebel des Naturalismus erheben und bemerken, daß die Welt niemals das ist, was du glaubtest, daß sie sei.

Vernichte mit Humor deine vielen alten Vorstellungen und Bilder davon, was die Welt zu sein habe, bis das kindliche Staunen und die kindliche Freude am Tun selbst dich wieder zu dir holen.
Kunst ist die Feier der Schöpfung. Kunst ist Andacht und Heiligung.

Kunst ist die tiefste Verbundenheit mit dem reinen Sein, ohne weitere Absicht und ohne Ziel.

Dort, wo du wahrhaft zum Künstler wirst, wirst du emporgehoben auf eine Ebene des Erkennens, die dich die Zusammenhänge eines wirklichen Friedens viel tiefer schauen und verstehen lassen.

In diesem Sinn ist die Kunst immer auch Arbeit an sich selbst. Am Ende steht der wirkliche Lebenskünstler.

Am Ende steht die Person, die mit heiterer Gelassenheit die vielen Aspekte des Seins als ein Schaffender zu sich geholt hat. Eine tiefe Versöhnung mit sich selbst und der Welt findet statt, aus der wirkliche Veränderung hervorgehen kann.

Ein Künstler ist kein Opfer mehr, weder von sich selbst noch von der Welt.

Aus dieser Verbundenheit wirst du die wirkliche Lebensfreude zu dir holen in die einfachsten Aspekte deines Alltags. Diese Lebensfreude ist tiefer und stiller geworden als der erste Jubel, der am Anfang war.

Du hast die Welt tiefer gesehen, auch in ihren Aspekten des Schmerzes, des Leidens und der Ungelöstheit. Du bist auch hier nicht mehr zum identifizierten Opfer geworden.

Du hast die Feier erkannt, die du erfährst, wenn du durch das Auge der Kunst die Aspekte der Welt zu dir holst. Das ist das „verzückte Ja-Sagen", das Friedrich Nietzsche kannte.

Aus dem neuen Schaffensgeist der Kunst werden die neuen Ikonen hervorgehen, die eine tiefere Friedenswirkung haben als jeder Appell und jede politische Rede, die aus der Sicht des Alltags entstanden sind.

Ich grüße euch. Ya azim.

Vernichte mit Humor deine vielen alten Vorstellungen
und Bilder davon, was die Welt zu sein habe,
bis das kindliche Staunen und die kindliche Freude
am Tun selbst dich wieder zu dir holen.

An alle Friedensarbeiter

Seit Tausenden von Jahren beten die Menschen für den Frieden, sie kämpfen für den Frieden, aber sie haben in ihrem inneren Bewußtsein vergessen, was Frieden ist. Sie kennen seine inneren Gesetze nicht mehr.

Es fehlt den Menschen die innere und umfassende Vision des Friedens.

Mit einer Vision ist eine objektive Wirklichkeit gemeint, die du von innen her sehen und fühlen kannst. Sie ist in der Evolution als Möglichkeit angelegt und wartet darauf, von Menschen wieder gesehen und abgerufen zu werden.

Friede ist eine Frage der Bewußtseinsfrequenz.
Auf der göttlichen Bewußtseinsebene ist der Friede ganz einfach und elementar da. **Das Göttliche ist immer einfach, alles andere ist kompliziert.** Für den Menschen scheint es das Schwierigste zu sein, sich mit dieser Einfachheit zu verbinden.

Der menschliche Friede wurde noch nicht verwirklicht, weil er als Vision einer kollektiven Bewußtseinsebene noch gar nicht gekannt wird. Wirklicher Friede ist kein Wunschdenken und keine Flucht in eine Traumwelt, wirklicher Friede kann sich nur dort verwirklichen, wo man umfassend zu sehen und zu verstehen beginnt.

Friede ist viel mehr als das Gegenteil von Kampf und viel mehr als das Gegenteil von Krieg. Friede ist manifestiertes neues Bewußtsein. Der wirkliche Friede beginnt immer im Inneren. Er kann nicht vollzogen werden ohne eine volle innere Wandlung.

Hier liegt der große Irrtum und der Wahnsinn so vieler Friedenskämpfer, die diese Tatsache ignorieren möchten. Sie suchen einen äußeren Frieden, ohne etwas über die inneren Zusammenhänge zu verstehen. Ihr Kampf für den Frieden ist eine Flucht vor sich selbst. Wie viele Kriege und Zerstörungen sind aus dem Wahnsinn fanatischer Friedenskämpfe entstanden. Friede kann nicht dadurch entstehen, daß man eine Moral oder Weltanschauung anderen aufzuzwängen versucht. Friede ist eine Daseinsqualität und hat mit Weltanschauung nichts zu tun.

Friede bedeutet nicht Verzicht, denn Verzicht erzeugt oft inneren Unfrieden. Friede gedeiht am besten aus der Fülle des voll gelebten Lebens. Denn vorher wirst du immer um dich selbst kreisen.
Friede läßt sich erst verwirklichen, wenn deine Wünsche, dein Verlangen und Begehren zur Ruhe gekommen sind.

Der Yogi zieht daraus den Schluß, der Welt zu entsagen. Aber auch das ist meistens eine Flucht. Die Welt wurde in ihrer Fülle geschaffen, damit der Friede als die Fülle ihres Reichtums und ihres Glücks gesehen werden kann.

Das göttliche Bewußtsein schafft keine Bedürfnisse, damit du ihnen entsagst. Es schafft aber auch keine Bedürfnisse, damit du ihnen erliegst. Jedes wirkliche Bedürfnis, jeder Wunsch und jedes Verlangen ist dein Lehrer und dient einer höheren Erkenntnis.

Wenn du das siehst, trittst du ein in einen neuen Stand der Schülerschaft. Jeder innere Wunsch ist dein Wegweiser zu Gott.

Friede kann nur aus dem wiedergefundenen Vertrauen verwirklicht werden, daß eine Antwort, eine Erfüllung verwirklicht werden kann, die in dem richtigen Wunsch bereits angelegt ist.

Dieses Vertrauen ist eine Entscheidung.

Still und entschlossen brichst du auf zu neuen Ufern. Deine innere Stimme weist dir den Weg.
Du gehst als Schülerin in die Welt, um aus jeder Erfahrung Neues zu lernen. Genau diese Haltung macht dich wach und lebendig und macht dich zur Lehrerin für andere.
Von selbst wirst du an Plätze und Brennpunkte dieser Welt geführt, wo dein inneres Licht leuchten kann.
Und deine Umgebung wird sich verändern durch deinen inneren Entschluß.

Schafft Orte, wo die inneren Zusammenhänge des Friedens verstanden und geschaut werden können. Das ist die größte Tat, die die Welt gerade am dringendsten braucht.

Danke und Amen.

Das Göttliche ist immer einfach, alles andere ist kompliziert.

Gott, warum läßt DU das alles zu?

Wie ist es möglich, daß Kinder sterben?
Wie ist es möglich, daß in Afrika täglich 6000 Frauen grausam beschnitten werden?
Wie ist das möglich, was im Kosovo passiert ist, in Ruanda, in Vietnam, in Auschwitz?
Wie soll ich an DICH glauben können, wenn ich sehe, was auf der Erde geschieht, ohne daß irgend jemand versucht, es wirklich zu verhindern?
Wie soll ich daran glauben, daß Gebete etwas verändern können, wenn die meisten Menschen immer noch den Religionen der Macht folgen?
Wieso kannst DU so still bleiben, so unhörbar und wirkungslos, wenn DU doch ein Gott der Nächstenliebe bist?
Göttin, wenn es DICH irgendwo gibt, sei es im Universum oder in unseren eigenen Herzen, warum gibst DU uns nicht mehr Kraft? Warum ist es möglich, daß die Welt so ist, wie sie ist? Warum konntest DU nirgends eingreifen, wo die Greuel geschehen sind?

Es liegt in der Schöpfung, daß dem Menschen die Freiheit der Entscheidung gegeben wurde. Da, wo der Mensch sich gegen MICH entscheidet, hat das Göttliche keine Macht.

Aber jetzt ist die Zeit drängend geworden. Es ist nicht im Sinne der Schöpfung, die Welt den zerstörenden Kräften zu überlassen. Es gibt eine Verbundenheit mit der göttlichen Liebe, die höher ist als alle Gewalt. Sie mit MIR zu verwirklichen, ist die Aufgabe der Zeit.

Wenn auch ihr euch auf die Seite des Zweifels und der Ohnmacht stellt, wird die Chance auf die irdische Verwirklichung einer humanen göttlichen Seele wieder um vieles geringer. Ihr nehmt euch und MIR einen großen Teil unserer freien Handlungskraft fort.

Es gibt keinen humanen Gott ohne den Menschen.
Es gibt keinen humanen Menschen ohne Gott.
Gott und Mensch sind untrennbar miteinander verbunden. Die Illusion der Trennung aufzuheben, aus der unendlich viel Schmerz und Zerstörung hervorgeht, ist das Thema der Zeit und das Thema eurer Arbeit.

Wer spricht jetzt? Du oder ICH? Gott oder Mensch?

ICH kann erst so aus dir sprechen, wenn du dich ganz öffnest. Der Vorgang dieses Sprechens, der Vorgang der Öffnung geschieht aus dir und aus deiner Bereitschaft. Es ist deine tiefste und ureigenste Entscheidung, dies zu tun. Insofern sind wir untrennbar miteinander verbunden.

Es gibt nur ein Sein, es gibt nur eine Liebe, es gibt nur ein Werden.
Das Leben wird ewig weitergehen. Für den Menschen bereitet sich die Stunde einer tiefen Entscheidung, einer geschichtlichen Entscheidung vor.

Die Verirrung ist für die meisten so groß geworden, daß sich kaum noch jemand erinnert an die wirkliche, die göttliche Macht, die im Menschen liegt. Die meisten müssen erst eine sehr tiefe Ohnmacht erfahren, um diese Macht wieder zu entdecken und anzuerkennen, die aus der Verbundenheit mit der göttlichen Zeugungskraft kommt.

Dies ist der Punkt, der für manche von euch zu einer sehr hohen Energie führen wird: daß es für euch eine Macht gibt, die aus der Verbundenheit mit der göttlichen Zeugungskraft kommt. In dieser Verbundenheit geschieht die Schöpfung und die Erschaffung der neuen Welt.

Wo Männer und Frauen sich in dieser Verbundenheit begegnen, da erleben sie das Glück der Schöpfung. Sie spüren die Verbundenheit mit einer Macht, die über allen anderen Mächten steht. Sie kreieren die neue Erfahrung des Eros.

Gott ruft nach dem Menschen. Erhebe deine Stimme und suche mit MIR nach den Menschen, die bereit sind, die Verantwortung anzunehmen, die aus der Anteilnahme am Schicksal der Welt entsteht.

Ihr müßt euch nicht viel auf MEINEN Namen berufen. Es wurde so viel Falsches getan in MEINEM Namen.

Besinnt euch auf eure eigenen, eigentlichen Namen. Handelt aufrichtig, schöpferisch, liebend und wahr, wo immer ihr seid. Verbindet euch wieder mit eurem höheren Selbst, daß eure göttliche Stimme kennt und verwirklichen möchte. Dann empfangt ihr die Macht, um im Namen des neuen Friedens zu handeln.

Erinnere dich an das Paradies – und verwirkliche es, wo immer du kannst.

ICH grüße euch.

Ya azim.

Es gibt keinen humanen Gott ohne den Menschen.

Die Ohnmacht Gottes ohne Menschen

ICH bin nicht die Kraft der Zerstörung und des Todes. ICH bin die Liebe und ewiges Leben. ICH bin dies auch in der Stunde des Todes für die, die in der Verbundenheit mit MIR leben.

Es sind Menschen, die sich töten und unterdrücken. Es sind Menschen, welche die Angst und das Mißtrauen erzeugt haben. Sie sind es, die die Welt ausbeuten und zerstören; das bin nicht ICH.

Es liegt in der Schöpfung, daß dem Menschen die Freiheit gegeben wurde, so zu sein wie Gott. Das geht viel tiefer als ihr glaubt. Darin liegt auch die Freiheit, sich gegen die Schöpfung und gegen das Göttliche zu stellen.

Da, wo der Mensch sich gegen MICH entscheidet, hat das Göttliche keine Macht. Da hat aber auch das Leben keine Chance. Denn wirkliche Überlebensmacht gibt es nur in der Verbundenheit mit MIR.

Früher oder später wird jedes Lebewesen zu MIR zurückkehren, denn es gibt keine andere Möglichkeit des Überlebens.

Kein Land wird überleben können ohne die wirkliche Verbundenheit von unten und oben, Erde und Himmel, Mensch und Gott.

MEIN Schmerz über die Situation der Welt ist nicht geringer als der eure.
Noch nie hat die Göttin so sehr gerufen nach Menschen, die wieder erwachen und die Verbundenheit mit MIR wieder entdecken und annehmen.

Aus einer universellen Verbundenheit, die sich befreit hat aus falscher Moral und Religiosität, wird eine neue Macht der Veränderung entstehen. Sie vermag die Geburt neuer Kulturen einzuleiten.

Eine neue Handlungskraft wird aus dieser Verbundenheit entstehen.

Eine neue Sprache, die Sprache der universellen Liebe, kann wieder gesprochen und verstanden werden.
Der Eintritt des Menschen in die Verbundenheit mit seinem göttlichen Ursprung gibt der göttlichen Quelle die Vollmacht einer friedenschaffenden Kraft zurück.
Es ist die wesentliche Tat des Menschen, auf die die Welt wartet, schon so lange.

Ihr müßt schon akzeptieren, daß ihr von göttlicher Natur seid.

Ya azim.

Eine neue Handlungskraft wird aus dieser Verbundenheit entstehen.

Vertrauen ist der Schlüssel zur neuen Welt

Spanne deine Sinne der Welt entgegen und öffne sie für diesen Tag.
Verbinde deinen Leib und deinen Geist mit MEINER Quelle, die sich einer neuen Zukunft entgegenbewegt.

Ohne euer Dazutun wird es die ersehnte Zukunft nicht geben können. Deshalb braucht ihr MICH und MEINE Kraft, um euch immer daraus nähren zu können.

Ihr selbst seid wie der Graskeimling unter der Asphaltdecke, der nach neuem Leben ruft.

Das gesamte Wissen, das für das neue Zeitalter gebraucht wird, liegt als Schlüssel in euch selbst, in eurer Entelechie, als urgeschichtliches Gedächtnis.

Diese Quelle ist in euch, und sie ist unerschöpflich. Nur, solange sie im Bereich des Vergessens liegt, kann sie sich noch wenig entfalten. Sie kann erst dann ganz in euch wirken, wenn ihr das tiefe Vertrauen in ihre Wirksamkeit wiedergefunden habt.

Nur im Zustand des vollen Vertrauens kann sie ganz wahrgenommen werden. Das Vertrauen wieder aufzubauen, das ist der Schlüssel zur Entstehung einer friedlichen Welt. Findet das Urvertrauen wieder.

Es ist, als würde sich für euch durch diesen Kanal ein vollkommen anderes holographisches Weltbild eröffnen.

Der Schritt ins volle Vertrauen in die Heilkräfte des Lebens selbst ist gleichbedeutend mit dem Schritt zur Erleuchtung.

Laßt euch nicht aus diesem Vertrauen werfen, wenn ihr mit anteilnehmendem Blick in die Welt schaut und die furchtbaren Dinge seht. Äußerlich gibt es wenig Grund zur Hoffnung. Das Mitgefühl droht euch mitzureißen in eine heftige Verzweiflung, in ein Gefühl von Ausweglosigkeit und Ohnmacht. Oder es entsteht eine Schutzschicht von Gleichgültigkeit, die eine Verbindung mit der heilenden Quelle nicht mehr möglich macht. Bewahrt das Mitgefühl, und bewahrt trotzdem das Vertrauen.

Versteht das Wort: Nicht aus eigener Kraft.
Stellt euch vor, der Keimling müßte sich fragen, ob er aus eigener Kraft in der Lage ist, die Asphaltdecke zu durchstoßen. Er ist dadurch geschützt, daß er diese Frage gar nicht kennt. Er folgt seiner inneren Zielkraft und Entelechie.

Hier liegt für euch die Theologie der Entscheidung. Die göttliche Quelle braucht von euch die volle Kraft des Vertrauens, damit ihr euch auf die einfachsten und wahrsten Werte des Lebens und der Liebe besinnt und ihnen folgt.

Dies führt euch ganz von selbst in die Bereiche eines sinnlichen und anteilnehmenden Lebens und Liebens. Dann kann eine Wahrheit durch eure Leiber und Geister wirksam werden, die seit Jahrtausenden vergessen und verdrängt wurde.

Hier liegt der größte Zweifel, denn die Entscheidung scheint fast nicht machbar. Ihr stoßt immer an die Grenzen gewohnheitsmäßiger Ängste.

Aber in der Entscheidung zu vertrauen liegt der Schutz vor der Angst und der Schutz vor Gewalt. Es liegt darin die Heilkraft, die euch dauerhaft mit eurem tieferen Sinn verbindet.

Macht den Ort, an dem ihr lebt und arbeitet, zu einer Oase, wo ihr dieses Vertrauen in die universelle Heilkraft des Lebens üben könnt. Macht euren Wohnort zu einer Schule für Vertrauensbildung, so daß ihr die Voraussetzungen kennen- und verstehenlernt.
Das führt euch zu einem neuen Studium des Lebens selbst und eröffnet euch den Weg des Wissens zu eurer eigenen Bibliothek des Lebens und der Liebe.

Nur durch diese Entscheidung kann eure innere Keimkraft frei werden. Nur durch diese Entscheidung kann das Prinzip der Feldbildung für den Frieden in vollem Umfang wirksam werden.

Im Namen des Eros und der Gemeinschaft, im Namen des Urquells für ein voll gelebtes Leben auf diesem Planeten Erde.

Ya azim.

Die göttliche Quelle braucht von euch die volle Kraft des Vertrauens, damit ihr euch auf die einfachsten und wahrsten Werte des Lebens und der Liebe besinnt und ihnen folgt.

Die sinnliche Liebe braucht den kosmischen Ankerpunkt

Ich verbinde mich mit der göttlichen Gegenwart.
Ich grüße das Licht dieses Tages, verbinde mich mit der Schönheit des universellen Versprechens und danke für die Möglichkeit, hier zu sein.

Es gibt ein Verlangen in der Welt, ein sinnliches Sehnen, das meinen Leib mit Wissen füllt, denn er ist voller Erinnerung an den kosmischen Traum. Alle Seelen haben teil an diesem Traum.

Es gibt einen kosmischen Traum, der mir Schutz und Geborgenheit gibt, denn er stellt mich in einen größeren Zusammenhang.

Es gibt eine Gewißheit, die mich zu befreien vermag aus meiner Unruhe und Ohnmacht, daß alles Sehnen vergeblich sei.

Es gibt eine Liebe, die höher ist als alle Gewalt, weil sie mit Gewißheit verbunden ist. Arbeit am neuen Liebesbild ist die Herstellung dieser Gewißheit.

Ich höre die Göttin in mir sagen:

Wenn du die große Liebe zur universellen Mutter wiederfindest, die Geborgenheit an ihrem universellen Leib, der dir die Ankunft immer gewährt, dann hast du die Heimat gefunden für jede Liebe.

Dann hast du deinen Anker wiedergefunden, der alle irdischen Liebesbeziehungen auf ihrer irdischen Ebene zu tragen vermag.

Dann mußt du beim Liebespartner nicht mehr das suchen, was du bei der Mutter nicht fandest. **Du mußt nicht mehr bei einem einzelnen Menschen nach dem suchen, was du im Universum verloren hast.**

Die Tragik der Liebesbeziehungen der letzten Jahrhunderte liegt darin, daß etwas gesucht wird an einem Ort, wo es nicht zu finden ist.

Ihr habt eine schwere Geschichte hinter euch.
Die kosmische Nabelschnur, die mit Nammu, der Urmutter, verbunden war und die jeden personalen Liebestraum begleitet hat, ist zertrennt. Das führt euch immer wieder in die Tragik unerfüllter Liebesbeziehungen.

Nur in der Wiederverbindung mit Nammu, in der tiefen Geborgenheit im All liegt die Kraft, welche in der Lage ist, die Angst vor dem Verlust zu stillen.

Der Schmerz, der durch Ödipus repräsentiert ist, ist nur möglich, weil die kosmische Verbindung verlorenging.

Jede erotische Liebe kann nur Dauer gewinnen, wenn sie ihren Anker im Universum wiedergefunden hat.

Letztlich ist jede wahre Liebesbeziehung von universeller Natur. Es ist immer ein kosmischer Liebestraum, der von zwei Menschen geträumt wird. In diesem Wissen und in dieser Verbundenheit werden sie die personale Liebe verwirklichen, die sie bisher vertrieben haben durch ihre viel zu enge Fixierung aufeinander.

Lerne, dich wieder in deiner ewigen Gestalt sehen, die jetzt auf dieser Erde einen Teil ihres kosmischen Liebestraumes verwirklichen will.

Aus dieser Wahrnehmung heraus kommt etwas zur Ruhe in dir. Die universelle Verbindung und die Wiederverbindung mit deiner entelechialen Gestalt geben dir die Ruhe und die Sicherheit.

Manchmal muß der Trennungsschmerz sehr weit gehen, um den Irrtum in der Liebe zu erkennen und den neuen Weg der spirituellen Verbundenheit zu betreten.
Spätestens angesichts des Todes spürst du das kosmische Geheimnis, das hinter jeder wirklichen Liebesbeziehung liegt.
Es gibt einen seelischen Hunger, der allein auf der irdischen Ebene nicht zu stillen ist. Er ragt immer hinein in eine unsichtbare, aber größere Welt und kann nur auf dieser Ebene Beruhigung finden.

Ohne das führt jede Liebesbeziehung in den Wahnsinn unerfüllter Sehnsucht, weil ihr die Erfüllung sucht, wo sie nicht zu finden ist.

Hinter jedem Begehren, hinter jedem sinnlichen Verlangen, hinter jeder erotischen Sehnsucht steht eine kosmische Sehnsucht und ein kosmisches Heimatversprechen.

Wenn dieser tiefe Grund in dir wiedergefunden ist, dann kennst du das Ziel deiner Sehnsucht. Durch diese Erkenntnis kommt etwas tief zur Ruhe in dir, dein Körper beginnt, dem großen Verlangen gewachsen zu sein.

Jetzt bist du in der Lage, dich auf das kosmisch-sinnliche Liebesspiel und auf den Tanz der erotischen Kraft einzulassen, weil du die Quelle gefunden hast, mit der du dem erotischen Tanz gewachsen bist.

Aus dieser Quelle heraus kannst du den irdischen Liebestraum verwirklichen, denn das Muster dafür, die Entelechie, ist voll und ganz in dir enthalten. Diese ewige Präsenz der Urmutter wartet sehnsüchtig darauf, von dir wiedergefunden und angenommen zu werden.

Hier träumt die Erde mit dir und durch dich ihren kosmischen, irdischen Liebestraum. Es ist der ewige Traum der Geschlechter.

Danke und Amen!

Hinter jedem Begehren,
hinter jedem sinnlichen Verlangen,
hinter jeder erotischen Sehnsucht
steht eine kosmische Sehnsucht
und ein kosmisches Heimatversprechen.

Die Kraft der großen Sammlung

Die Spatzen turnen auf dem Dach. Die Sonne steht bereits am Himmel. Der Geist möchte hier- und dorthin turnen. Nutze diese frühe Morgenstunde für die Kraft der Sammlung. Jeden Tag hält sie einen neuen Schatz für dich bereit, den du so intim nur einmal erleben kannst.

Sammlung ist Verbindung.

Das ist das Geschenk und die Macht jeder wirklichen Meditation. Werde Zeuge, welche Eigendynamik in der Kraft der Sammlung liegt.

Du mußt an keinen Gott und keine Göttin glauben, um an den Ursprungsort der Sammlung zu kommen, wo du sehen kannst, wie aus der großen Sammlung heraus Wirklichkeiten gezeugt werden.

Das ist die große Kunst der wahren Yogis. Sie beziehen diese Kraft aus der Kunst, der Welt zu entsagen. Du aber kannst diese Quelle nutzen, um dich aus der Sammlung heraus den Dingen der Welt zuzuwenden.

Mach dich leer und werde Zeuge, wie dein Leib und deine Zellen sich mit Licht füllen. Diese Leere ist der Beginn jeder wirklichen Neuschöpfung. Fühle, wie sofort Ruhe in dich einströmt, wie bedingungslose Schönheit als universelle Quelle sich feierlich in deinem Leib versammeln möchte.

Es ist eine universelle Schönheit und Kraft, die als Seele auf der ganzen Erde waltet und überall als stille Offenbarung zu dir sprechen kann.

Diese Seele ist es, die dich als stilles Lichtspiel im portugiesischen Sommer berührt oder die dich lockend ruft hat durch den Duft einer Apfelblüte.

Was im Äußeren mit lockender Schönheit ruft, möchte sich in dir versammeln und im Tempel deiner Seele zu einer neuen schöpferischen Kraft werden.

In diesem stillen Gruß, der aus der Sammlung kommt, hast du viel Welt in dich aufgenommen. In diesem Gruß bekommt dein Geist von selbst die Weite und die Größe, die er wünscht für diesen Tag. Allein durch die Kraft der

Sammlung erhalten die Dinge ihre Heiligung und ihre besondere Gegenwärtigkeit.

Wenn du aus dieser Kraft der Sammlung auf die Dinge und die Menschen schaust, die du liebst, brauchst du ihnen nicht länger hinterherzulaufen. Allein durch die Wahrnehmung bekommen sie die Schönheit wieder und den Respekt, den sie brauchen, um für dich schön und universell bleiben zu können.

Durch diesen Vorgang ereignet sich die Magie der Anziehung.

Denn es ist die innere Magie der Schönheit selbst, die aus Sammlung und Bewußtheit kommt. Sie erzeugt universelle Treue, und sie trägt die nötige Spannkraft in sich, um die Treue zu verwirklichen.

Durch diesen Vorgang erhalten die Dinge von selbst die richtige Distanz und Nähe, die das Wirken einer erotischen Erfüllung möglich machen.

Auf diesem Weg entsteht Neuschöpfung.

Es ist die Kraft der Sammlung, die es dir möglich macht, dich als Schöpfungsquelle wiederzuerkennen und mit magischer Kraft die Dinge zu wandeln.

Du wirst den Bann durchbrechen, der dich mit deiner Angst verbunden hat und dich immer in ein Schicksal rennen ließ, das du, ohne es zu wissen, durch deine unbewußte Angst immer wieder selbst erzeugt hast.

Durch den kosmischen Verlust und das kosmische Vergessen standest du in dem Bann, einer Liebe hinterherzulaufen, die du in dir selbst verloren hattest.

Du hast gedacht, daß in der Ankunft beim anderen die Erfüllung liegt. Diese Erfüllung ist aber erst möglich, wenn ihr in euch selbst die Schönheit wiedergefunden habt, die aus der inneren Sammlung kommt.

Diese Kraft der Sammlung in sich selbst wiederzufinden ist ein wesentliches Geheimnis der Liebe. Hier ist der Beginn für die Erfüllung, die du suchst.

Ya azim.

Was im Äußeren mit lockender Schönheit ruft,
möchte sich in dir versammeln
und im Tempel deiner Seele zu einer
neuen schöpferischen Kraft werden.

Baut den Rhythmus auf

Für den Aufbau der Friedenskraft braucht ihr einen festen Rhythmus. Kräfte schwingen im Universum. Rhythmus erzeugt Resonanz und zieht die Kraft an.

Es gibt einen eigenen, persönlichen Rhythmus; es gibt einen Rhythmus der Gemeinschaft, es gibt einen Rhythmus zwischen Liebenden, und es gibt einen kosmischen Rhythmus.

Je mehr eine Gemeinschaft den universellen Rhythmus wiederfindet und repräsentiert, desto mehr Kraft wird ihr zuströmen.

Je mehr eine Gemeinschaft ihre universellen Regeln aufbaut, die einfach und klar sind, desto mehr Freiheit kann der Einzelne darin entdecken.

Das ganze Universum schwingt in einem klaren Rhythmus und in höchster Präzision. Ist es nicht ein wahres Wunder, mit welcher Präzision Sonne, Erde und Mond ihren Umlauf vollziehen?

Je stabiler der Rhythmus einer Gemeinschaft geworden ist, je verbindlicher der Einzelne darin seinen Ort einnehmen kann, desto mehr reiner Geist wird frei für den Tag.

Sorgt dafür, daß dieser Rhythmus sich festigt wie der Pulsschlag eines Organismus. Wenn ihr das erreicht habt, dann könnt ihr ihn auch einmal durchbrechen und das schöpferische Chaos walten lassen, ohne das Ganze zu schwächen.

Ohne die Spannkraft eines festen Rhythmus kann kein Wachstum sein großes, universelles Ziel erreichen.

Mache es dir zur Angewohnheit, jeden Morgen verbindlich aufzustehen und dein Leuchten zu finden – wie die Sonne.

Wende dich erst der Welt zu, bevor du dich dir selbst oder gar deinen Problemen zuwendest.

Ya azim.

Ohne die Spannkraft eines festen Rhythmus kann kein Wachstum sein großes, universelles Ziel erreichen.

Pflege deine innere Neugeburt

Wenn der Tag die Nacht berührt,
wenn die ersten Lichtstrahlen diesen jungen Morgen erhellen,
dann streckt sich auch dein inneres Licht einer neuen Vollendung entgegen.

Hüte das Bewußtsein für den Neubeginn, für das Ungeborene, noch Ungesagte und Ungetane in dir, wie einen Embryo, der einer neuen Geburt entgegenschaut.

Richte deinen Geist auf dieses Kommende in dir.

Je mehr Spannkraft, Gegenwärtigkeit und Vorfreude du auf diesen Geburtsvorgang richten kannst, desto kraftvoller wird deine neue Schöpfung sein.

Du bist hier, weil etwas Neues in dir keimt. Es hat seine eigene Zeit und Stunde.

Sei wachsam und präzise. Laß deinen Keimling nicht unbemerkt in dir verwelken. Er braucht Aufmerksamkeit, Pflege und Präsenz, um sich entfalten zu können.

Nimmst du ihn wahr, so wird eine gewaltige Kraft der Neuschöpfung in dir frei. Pflege den Kontakt. Nur so kann er sich entfalten.

Verbinde dich mit dem Geist der Gemeinschaft, nimm die Gegenwart der anderen und die Spiegel, die sie dir geben, als Ansporn für deine eigene Entwicklung. In ihrem Spiegel kannst du dich erkennen.

Ein größerer friedenschaffender Geist möchte sich durch euch verwirklichen. Da hat dein Ego, deine Eitelkeit, dein Urteilen oder Verurteilen wenig Bedeutung. Es bremst nur den Vorgang der Entwicklung in dir und anderen.

Der gemeinsame Geist der Wahrheit, der Anteilnahme und der solidarischen Kraft der Veränderung möchte sich durch euch entfalten. Deine Keimkraft hat darin eine unersetzbare Funktion.

Stell dir vor, du bist ein Organ im Gesamtorganismus, ohne das das Ganze nicht funktionieren kann. Die Niere ist nicht die Leber, und das Herz ist nicht der Darm. Zu seiner Entfaltung und Erfüllung kommt jedes Teil nur durch das Ganze, und das Ganze könnte nicht funktionieren ohne seine Teile.

Für eure innere Heilung ist es wichtig zu erkennen, welcher Part im Ganzen du bist, damit es zu einer Gesamtheilung kommen kann.

Schenke deine innere Keimkraft der Welt, denn du wirst gebraucht.
Schenke deine wahren Gedanken und Taten der Welt.
Schenke deine dienende und revolutionäre Kraft der Welt, denn du wirst gebraucht.

Wenn du deine innere Keimkraft voller Vertrauen dem Universum zurückschenkst, kann deine Heilung beginnen. Vollziehe diesen Schritt deines neuen Werdens jeden Tag neu – und du bekommst die gesamte Wachstumskraft des Universums als Geschenk zurück.

Gegrüßt sei ein ganzes Universum in dir.
Und gegrüßt seist du als Teil des Ganzen.

Ya azim.

Je mehr Spannkraft, Gegenwärtigkeit und Vorfreude du auf diesen Geburtsvorgang richten kannst, desto kraftvoller wird deine neue Schöpfung sein.

Mein Leben sei mein Gebet

Ich verbinde mich mit der Kraft der universellen Liebe.

Ich rufe die friedenschaffende Kraft auf, sich in mir und durch mich zu verbreiten.

Ich lade die universellen Bewußtseinskräfte ein, in mir Raum zu nehmen, auf daß ihr Wissen, ihre Kraft und Erkenntnis leuchten mögen durch mich.

Ich lasse Licht und Leuchtkraft in meine Zellen, auf daß sie zu tanzen beginnen im Lichte der ewigen Erneuerung.

Mein Leben ist mein Gebet.

Ich lade die Kraft der universellen Liebe ein, sich in mir und durch mich zu entfalten. Mein Leib sei ein Tempel der göttlichen Liebe.

Mein Leib sei ein Tempel der Göttin.
Zu ihrer Feier sei mein Leib ein Tempel der sinnlichen Liebe.

Mein Leben sei eine Lobpreisung des irdischen Daseins.

Ich danke dafür, daß ich hier sein kann, jetzt, in dieser Zeit mit ihrem Ruf und ihrem Drängen nach Veränderung – auf daß wir endlich zu Erkennenden werden und die menschliche Verantwortung annehmen können, Friedenshüter für diese Erde zu werden.

Mögen meine Gedanken, Worte und Taten Verwirklichungskräfte sein, die es möglich machen, daß sich auf diesem Planeten der ersehnte Friede ausbreiten kann.

Laßt uns gemeinsam diesen Frieden aufbauen, wo wir die Sprache der Göttin, die Sprache der Erde, die Sprache aller Kreatur, die Sprache der Sinnlichkeit und des Kontaktes wieder sprechen und verstehen.

Meine Sehnsucht sei die Botin DEINES Friedens.

Ich rufe die weiche Macht an, die stärker ist als alle Gewalt: Fülle uns ganz, gib uns die Erkenntnis, die es möglich macht, den Krieg auf dieser Erde zu beenden.

Laß uns die Gesetze des inneren Friedens so tief erkennen, daß sie verbindlich in uns werden, so daß wir nicht mehr fliehen vor einer grausamen Welt in das Jenseits künstlicher Religionen oder in die falschen Nester einer viel zu kleinen Liebe.

Ich rufe die Majestät der universellen Liebe:
DEINE Liebe sei meine Liebe.
DEIN Wille sei mein Wille.
DEINE Wachheit sei meine Wachheit.
DEIN Ringen sei mein Ringen.
DEIN Erkennen sei mein Erkennen.
DEINE Verbindlichkeit sei meine Verbindlichkeit.
DEINE Kraft sei meine Kraft.

Ich rufe die Kraft des heiligen Zorns:

Befreie uns von unserer machtlosen persönlichen Wut und fülle uns mit der hohen Energie, die uns in jeder Situation zu furchtlosem Handeln befähigt.

Durch uns soll es wieder möglich werden, daß sich die humane Kraft für alle Wesen der Erde verwirklichen kann.

Ich verbinde mich mit meinem höheren Selbst und bitte darum, mir die Worte zu schenken, die uns Kraft, Liebe und Erkenntnis geben in dieser schwierigen Zeit.
Ich danke für DEINE Kraft der unendlichen Liebe, die niemals versiegt, und öffne alle meine Sinne, auf daß DU durch mich sprechen und wirken kannst.

Danke und Amen.

Mein Leben sei mein Gebet.

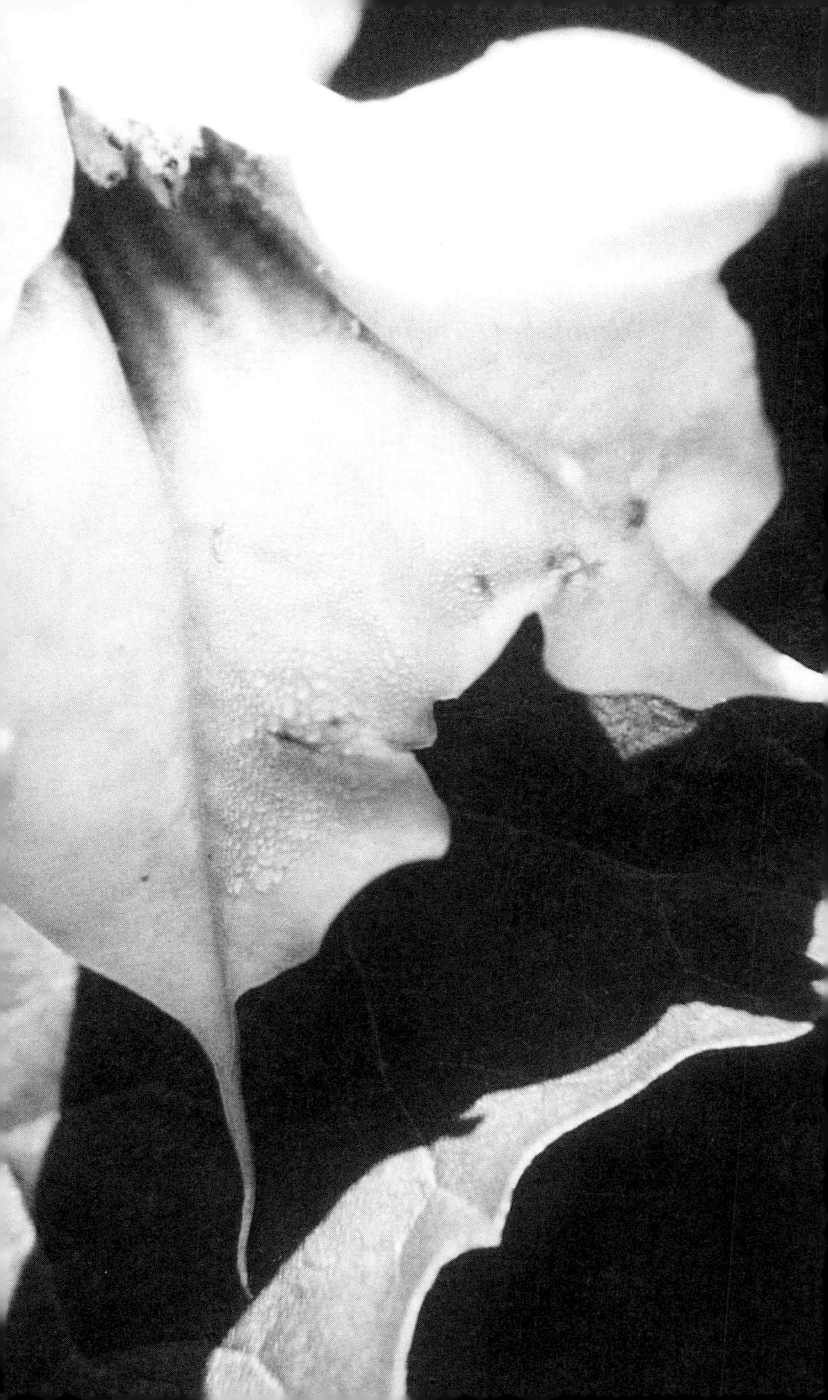

Die Quelle

Kannst du dir ein blühendes Biotop vorstellen, welches von seiner Quelle getrennt ist? Jeder blühende Garten lebt von seiner Quelle.

Auf dem Grund dieser Quelle ist immer Nahrung vorhanden. Sie nimmt nicht zu, sie nimmt nicht ab. Es bedarf keiner Anstrengung, damit der Garten zum Blühen kommt. Erst wenn die Quelle entfernt wird, verdorrt auch das Leben im Biotop, oder du mußt es künstlich ernähren.

Der Mensch, der die Weltenseele aus seinem Leben ausklammern möchte, verhält sich wie eine Pflanze, die sich von ihrer Quelle trennt.
Es entsteht das Ego, ein Stück getrenntes Leben, das von der Quelle entfernt ist und nun glaubt, selbst die Quelle zu sein.

Das Ego beginnt, Amok zu laufen. Eine Zeitlang hat es noch Ressourcen, von denen es sich ernähren wird. Aber irgendwann versiegen sie, und es findet keinen Urgrund mehr vor, aus dem es ewig schöpfen könnte. Es holt künstliche Nahrung zu sich, die es nur aufbläht. Keine künstliche Nahrung enthält das Mana des ewigen Lebens.

Der Mensch steht und lebt aber im Angesicht der Ewigkeit. **Irgendwann wird er zur Quelle zurückkehren müssen, sei es in diesem Leben oder im nächsten, um überleben zu können.** Er wird seinen Hampelmanntanz, mit dem er der Welt beweisen möchte, daß er auch wer sei, aufgeben müssen.

Ohne Quelle kannst du nicht von Dauer sein. Es fehlt deinem Leben der Sinn, der ihm die Kraft und das Atmen gibt. Verbunden mit der Quelle bist du ganz – und mußt niemandem etwas beweisen.

Verbunden mit der Quelle gibt es keine Anstrengung und keine Langeweile, keine übermäßige Faulheit und keinen verzehrenden Fleiß. Du weißt, wann du stillzuhalten hast und wann zu handeln. In großer Präzision vollzieht sich dein Werk durch dich, denn du bist das Werk, das getan werden will.

Deine innere Notwendigkeit ist deine Antriebskraft. Du wirst erstaunt sein, wie präzise du weißt, was zu tun ist, wenn du mal den Affentanz deines Egos sein läßt, das dir einredet, daß dies zu anstrengend sei und das zu banal, und das zu dumm und das zu hoch für dich. Deine Quelle weiß, was du brauchst; du solltest ihr folgen und aus ihr trinken. Es wird dir nichts zugemutet, das du nicht tun kannst. In Verbindung mit der Quelle erhält dein Leben seinen Sinn und seine ursprüngliche Schönheit.

Ya azim.

Deine Quelle weiß, was du brauchst;
du solltest ihr folgen und aus ihr trinken.
Es wird dir nichts zugemutet, das du nicht tun kannst.

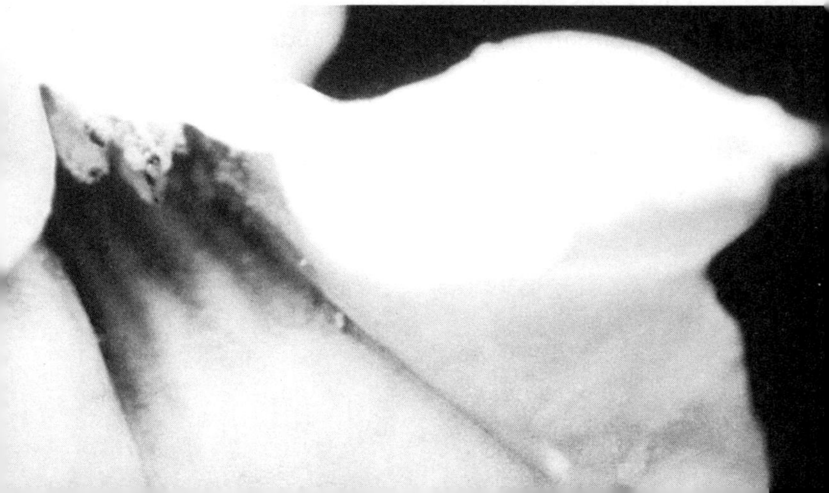

Das Jetzt

Friede sei mit dir und mit deinem Geist.
Stille Wollust fülle deinen Leib in stiller Gegenwärtigkeit für den Augenblick.
Das Jetzt ist die Quelle, die immer tiefer und umfassender von dir wahrgenommen werden möchte.

Wenn du deine Vorstellungen über das, was zu sein habe, zum Schweigen bringst, dann kann die Gegenwärtigkeit für das, was ist, beginnen.

Du trittst ein in das große Staunen darüber, daß überhaupt etwas ist. Du wirst vom Wunder dieses Seins berührt, und das gibt diesem Tag seinen eigenen Zauber.

Diese Quelle ist so tief, so umfassend, so unerschöpflich und heilsam, daß sie dich zu wandeln vermag in jedem Augenblick. Sie ist jetzt und immer gegenwärtig.

Das Jetzt ist das, was das große Wunder in sich birgt. Das Jetzt ist das, was immer ist und nie vergeht. Das Jetzt ist die Quelle, aus deren Urgrund du das große Wunder zu bergen vermagst, das dir dein Leuchten schenkt durch deine Gegenwärtigkeit.

Du triffst auf das große Geheimnis, daß die Ewigkeit der Schöpfung sich im Wesen und Sein der Gegenwart offenbart. Du findest keinen Schöpfer dahinter, keine andere Substanz. Das Sein selbst ist es, was der Schöpfung ihre Dauer verleiht. Sie ist ewig in ihrer ewigen Wandlungskraft.

Aus der Leere und der Befreiung von allen Vorstellungen kann immer neue Schöpfung hervorgehen. Was dann geboren wird, lebt von der Vorstellungskraft und dem Verwirklichungswillen, die den Dingen ihre Grenze und Erscheinungsform geben. Jede Wirklichkeit kommt aus diesem Urgrund, lebt aus dieser Freiheit und ihrer Begrenzung.

Fülle deinen Leib und deinen Geist in dieser Gegenwärtigkeit, und das Wunder der Schöpfung selbst kann durch dich strömen und sein Werk gestalten.

Wahre Meisterschaft, wahre Heilkraft und wahre Liebe kommen aus dieser Gegenwärtigkeit des Seins.

Bringe dieses Geheimnis auch in alle Beziehungen, die du pflegen möchtest. So schenkst du auch dem Anderen die Freiheit der ständigen Neuschöpfung.

Ya azim.

Wenn du deine Vorstellungen über das,
was zu sein habe, zum Schweigen bringst,
dann kann die Gegenwärtigkeit für das,
was ist, beginnen.

Schöpfung tanken

Schöpfung tanken.
Manakräfte sehen und verstehen lernen.
Energievorgänge bewußt wahrnehmen und aufgreifen für die eigene Entwicklung.
Die Gesetze des Glücks und der Freude verstehen lernen:
Das sind wichtige Beiträge zur Entstehung einer neuen Kultur und eines neuen Friedens.

Verstehen, wie es zur Sammlung kommt und wann es um Verausgabung geht. **Und immer wieder die Stille aufsuchen.** Sie ist ein Ausgangspunkt für neue Kraft und neue Schöpfung,

Zeuge werden. Krieg entsteht fast immer aus unbewußten Vorgängen in dir.

Vieles, was du als Ratlosigkeit erlebst, findet statt, weil sich erst einmal neue Kräfte in dir sammeln und formieren wollen. Es wird nur deshalb als so schwierig erlebt, weil ihr ständig kommentiert oder weil ihr viel zu früh in der Gegenwärtigkeit für euren Zustand nachlaßt und die Ablenkung aufsucht.

Bleibt spielerisch und präsent, auch dort, wo es schwer wird. Heiterkeit ist eine Öffnung, durch die viel Neues hineinströmen kann.

Wandert kreiselnd und tastend durch die Welt. Seht, riecht, schmeckt wie die Tiere in kreatürlicher Gegenwärtigkeit.

Und dann geht zurück zu eurem Tagwerk wie zu einem Heimathafen, wo ihr eine Kraft verführen und pflegen wollt, die ihr gesehen oder erfahren habt.

Jede Handlung sei ein Gedanke. Wenn euch diese Präsenz nur fünf Minuten gelingt in voller Gegenwärtigkeit, bekommt der ganze Tag sein wahres Leuchten.

Dieser Tag sei wie deine Morgenröte, wo du ein Stück mehr von dir selbst und von der Welt zu sehen und zu begreifen beginnst.

Tue es ganz und lerne das Loslassen, so daß sich die Dinge von selbst in dir vollziehen können.

Du sagst, das sei alles so schwer und fast unmöglich? Richte deinen Trotz gegen die alten Muster in dir und nicht gegen das Neue. Benutze deinen Trotz als starke Kraft gegen die alten Ablenkungen.

Schwer ist nur das Loslassen, weil du so lange Anderes gelernt hast. Niemand hat gesagt, daß es leicht geht. **Aber wenn du es hast, dann geht es leicht. Dein Leben findet seine Erfüllung.**

Übe in diesem Bewußtsein, als wolltest du einen Berg besteigen, der noch von niemandem bestiegen wurde.

So kann sich das Göttliche in dir verankern, und es findet ein Wiedererkennen statt.

Ya azim.

Heiterkeit ist eine Öffnung, durch die viel Neues in dein Leben hineinströmen kann.

Abstrakte Kunst

Die gelungene Abstraktion ist eine höhere Kunst als die der gelungenen Abbildung. Es gibt dafür kaum Vorbilder, aber der Zeitgeist verlangt danach. Die Abstraktion erfordert eine besondere Kraft der Anspannung und Präzision.

Spanne alle deine Sinne an und warte, bis dich etwas Gesehenes im Inneren anspringt. Dann folge sehr präzise den Farbgesetzen und der Linienführung, die daraus hervorgehen.

Aus dieser Abstraktion entsteht die Kunst des neuen Zeitalters. Man könnte sie auch Verdichtung oder Konkretion nennen. Bereits viele Künstler haben darum gerungen, aber die wirkliche Geburt ist noch nicht geschehen.

Es werden neue Ikonen geboren, eine neue Seh- und Gestaltungskraft, die dem Zeitgeist eine Richtung gibt. **Die Kunst ist in hohem Maße an der Feldbildung für eine neue Epoche beteiligt.**

Der ganz vollzogene Akt der wirklichen Abstraktion öffnet im Inneren einen neuen Sehvorgang. Verbunden mit dieser neuen Sehkraft fügen sich auch die Dinge in der Wirklichkeit in einer neuen Weise. Dein Leib und Geist wurden geöffnet für eine neue Frequenz der Wirklichkeit. Du bist in höchstem Maße Medium der Neuschöpfung und Schöpferin zugleich. Du begreifst, wie Schöpfung und Geschaffenes in ihrem Ursprung dasselbe sind.

Diese Anspannung und Arbeit verlangt von dir eine große Ausdauer und einen spielerischen Geist, mit dem du den eigentlichen Geburtsvorgang umkreist. Sie drückt sich nicht nur auf deiner Platte aus und in deinem Werk, sondern es entwickelt sich nach und nach daraus eine neue Geburt und Daseinsweise in dir selbst.

Ya azim.

Verbunden mit einer neuen Sehkraft fügen sich auch die Dinge in der Wirklichkeit in einer neuen Weise.

Wünsche sind ein Wegweiser zu Gott

Friede kehrt erst ein, wenn deine Wünsche, dein Verlangen und Begehren zur Ruhe gekommen sind. Erst da, wo alle Wünsche schweigen, kann der volle Friede gesehen und verstanden werden.

Der Yogi zieht daraus den Schluß, der Welt zu entsagen. Für ihn sind alle Wünsche und alles Verlangen nur Trug und Schein einer unbewußten Seele, die das Göttliche noch nicht geschaut hat. Aber auch das ist eine Flucht.

Die Welt wurde in ihrer Fülle geschaffen, damit der Friede in dieser Fülle leuchten kann. Nimm deine wirklichen Wünsche wahr und verbinde dich mit ihrer möglichen Erfüllung. Rufe die universelle Gewißheit des Gelingens ab.

Solange du deine Wünsche für etwas Äußeres hältst und sie äußerlich befriedigen möchtest, wirst du den seelischen Frieden nicht finden können.

Friede wirst du dann verstehen, wenn du in intime Berührung mit der universellen Liebe gekommen bist. Sie liegt in deinem Selbst und kann nirgendwo anders gefunden werden.

Obwohl Liebe eines der meistbenutzten Wörter ist, wissen die wenigsten, was Liebe ist. Die meisten glauben, daß Liebe etwas sei, das man bekommen müsse, statt zu sehen, daß sie ein Schöpfungsprinzip ist, das gesehen und verwirklicht werden will.

Lerne die Gesetze zu erkennen, die dich zum Pol aller Liebenden werden lassen, statt erpresserisch nach Liebe zu schreien.

Das göttliche Bewußtsein hat deine Bedürfnisse nicht geschaffen, damit du ihnen entsagst; es schafft aber auch keine Bedürfnisse, damit du ihnen erliegst, sondern damit du sie als deine Wegweiser sehen und verstehen lernst.

Wisse, daß jedes Bedürfnis, jeder Wunsch und jedes Verlangen von dir selbst geschaffen wurde. Es ist dein Lehrer und dient einer höheren Erkenntnis.

Wenn du das siehst, dann bist du in der Lage loszulassen. Du trittst ein in einen neuen Status der Schülerschaft. Jeder innere Wunsch ist ein Wegweiser zu Gott. Friede verwirklicht sich aus dem Vertrauen, daß eine Erfüllung gelingt, die in dem richtigen Wunsch bereits angelegt ist. Du hättest nicht den Wunsch in dir, wenn es diese Erfüllung nicht gäbe.

Das ist eine sehr frohe Botschaft.

Gesegnet seien deine Wünsche. Ya azim.

Jeder innere Wunsch ist ein Wegweiser zu Gott.

Geist und Eros

Eros ist ein universelles Geschehen. Er hat seine eigenen Gesetze, die zu lernen sind.

Schult euch in der Gegenwärtigkeit füreinander und für die Welt.
Die Welt ist voll mit Antworten für jeden von euch. Um sie zu hören, müßt ihr nur eure wirklichen Fragen kennen und stellen.

Ein großer Teil der Probleme besteht aus der Gewohnheit, die erotische Wirklichkeit aus eurem Leben zu verdrängen. Die Probleme ergeben sich aus der Trägheit des Geistes, wenn er sich nicht öffnen möchte für die Welt.
Wenn du ein Problem hast, so ist dies fast immer die Folge eines Verschlusses vor der erotischen und umfassenden Wirklichkeit der Welt.

Wisse, daß es für jedes Problem eine Lösung gibt.

Beziehungsprobleme sind in der Regel ein Bollwerk gegen den Eros und gegen die Wahrheit.

Solange du dich mit deinen Problemen identifizierst, bist du wie ein Stück Treibholz vor der Staumauer, dem die kosmische Energiezufuhr fehlt, und das sich deshalb ständig um sich selbst dreht. Gib ihm den Anstoß aus der Welt, den es braucht, und schon wird ihm ein Weg gebahnt.

Wenn du ein Problem hast, identifiziere dich nicht. Laß Welt hinein.

Nimm dein Problem als die ganz besondere Leitlinie für deine persönliche Entwicklung und Entfaltung. Halte dich nicht länger fest an deinem Problem, dann kann die antwortgebende Kraft des Lebens einziehen und dich in eine neue Richtung führen.

Auch ein Keimling durchläuft Reibungen, Widerstände und Häutungen, wenn er die Asphaltdecke durchstößt. Nur kennt er noch nicht die Falle der ständigen Selbstkommentierung und Bewertung, wodurch ein Problem erst so träge und so schwer wird. Verabschiedet euch von dieser trägen Masse.

Weil du leiblich bist, ist die antwortgebende Kraft immer verbunden mit den Kräften des Eros. Der Eros selbst ist der Fluß des leiblichen Lebens.
Stemme dich nicht länger gegen deine erotische Wirklichkeit.

Es kann auf die Dauer keinen Eros geben ohne Geist. Und es wird auf die Dauer keinen lebendigen Geist geben ohne Eros.

Eros und Religion haben das gleiche Ziel und die gleiche Quelle. Nehmt den heiligen Charakter des Lebens wahr und die kommende Freude eurer Zellen kann zu tanzen beginnen. Die Erkenntnis, welche das Leben von euch wünscht, kann nur durch einen geöffneten Leib zu euch kommen.

Die ganze Biosphäre beginnt zu jubeln, wenn die unverstellten Begegnungen stattfinden können, die keine Bedingungen mehr brauchen, keine fixierte Beziehung, keine Forderung und keine Bedürftigkeit. Sie entstehen aus dem Dasein selbst. Möge der heutige Tag diesem Dasein dienen.

ICH begleite euch. Ya azim.

Es kann auf Dauer keinen Eros geben ohne Geist. Und es wird auf Dauer keinen lebendigen Geist geben ohne Eros.

Kollektiver Messias

Eine neue, kollektive Messiasgestalt möchte erkannt und angerufen werden. Eine Gestalt, die Kräfte der Erlösung und der Rettung in sich trägt. Sie entsteht aus der immer tieferen Bereitschaft der einzelnen, sich gegen die Angst zu entscheiden. Das ist kein Akt des Mutes, sondern ein Akt des immer tieferen Sehens und Verstehens.

Aus der Angst folgen Verschluß und Gewalt. **In der Entscheidung gegen die Angst und für das Vertrauen wird ein hohes Wissen geweckt, das dich weitgehend vor Gewalt zu schützen vermag.**

Es wird heute keine einzelnen Erlöserfiguren mehr geben. Das entspricht nicht mehr dem Geist der Zeit. Es gibt aber ein geistiges Feld, welches abgerufen werden kann und Erlösungskräfte in sich trägt.

Verbinde dich mit der Ahnung, daß die Welt und die Atmosphäre voll sind mit den Informationen für das neue Feld. Hier schwingt der Atem und der Herzschlag der Göttin, die einer neuen Verwirklichung entgegendrängt.

Öffne bewußt deine Zellen für diese neue Frequenz.

Laß deine Andacht und dein Gebet zu einem zellulären Vorgang werden, der von Bewußtsein begleitet ist und den ganzen Leib erfaßt. Folge bewußt den Vorgängen, die deinen Leib öffnen. Gedanken der Angst haben den Leib lange verschlossen, du kannst daran eine ganze Kulturgeschichte studieren.

Folgst du der Öffnung und findest du dabei deine wahren sinnlichen Energien wieder, so findest du zu einem urgeschichtlichen Wissen. Du spürst in deinem Leib die Morgenröte einer neuen Kultur.

Noch erschrickst du vor der Gewaltigkeit der Kräfte.
Gewalt entstand durch die jahrtausendelange Unterdrückung der Naturkräfte in dir und in der Welt.
Wenn ihr die Macht habt, die Gewaltigkeit der Kräfte in euch aufzunehmen, dann habt ihr die weiche Macht der neuen Kulturbildung gefunden.

Wirf deine falsche Vernünftigkeit über Bord, die dir immer verbietet, deinen Leib sprechen zu lassen. Habe Mut zu deiner Wahrheit, deiner Schönheit, deiner Tiefe. Laß hinter dir, was dich ängstlich und bieder macht.

Begleite alles mit deinem erkennenden Geist. Du findest den Urgrund eines umfassenderen Seins wieder. Es ist eine große Entdeckung. So entsteht für euch und andere das kollektive Messiasfeld; so kann die Göttin von neuem auf der Erde geboren werden.

Ya azim.

In der Entscheidung gegen die Angst und für das Vertrauen wird ein hohes Wissen geweckt, das dich weitgehend vor Gewalt zu schützen vermag.

Geburt der Wahrheit

Die größte Arbeit, die heute zu tun ist, ist die, wieder auf den Grund der Wahrheit zu kommen. Es ist, als würdest du nach Grundwasser graben in einer Wüste, in der es lange kein Wasser gab. Den Schutt wegzuräumen, dazu gehört eine gewisse Anstrengung, denn er wurde auch mit viel eigener Kraft aufgetürmt. Viel eigene Kraft ist jetzt in dem Schutt gebunden.

Die Suche nach der ureigenen Wahrheit löst manchmal Angst aus, denn Wahrheitssuchende wurden seit Entstehung des Patriarchats immer bestraft. Seit Tausenden von Jahren ziehen es deshalb die Menschen vor, in der Falle zu sitzen und ihr Schwert, ihre Bosheit und Rache einzusetzen gegen alles, was nach Wahrheit aussieht.

Das ist der Grund dafür, daß dieses mächtige Beben, diese Angst und dieser Widerstand einsetzen, sobald du dich deiner eigenen Wahrheit näherst. Auch bewirkt es in dir, daß du am anderen zu zerstören beginnst, was du eigentlich lieben möchtest.

Um die Angst zu beschwichtigen, folgst du einem falschen Bild der Liebe und der Gemeinschaft.

Was dir an der Wahrheit so bedrohlich, so wuchtig und verschlingend erscheint, ist der Aspekt der Göttin, der seit Jahrtausenden verdrängt wurde. Nun jagen Stürme, Erdbeben, Kriege ein Land nach dem anderen. Es ist der lang unterdrückte Aspekt der Göttin, es ist die lang unterdrückte und mißhandelte Wahrheit, die sich da meldet. Sie verlangt von euch eine Hingabe und Teilnahme an der Welt, die ihr lange vermieden habt.

Aus unterdrückter Wahrheit gehen Kriege hervor, nicht aus der Wahrheit selbst.

Bevor du auf den Grund deiner Wahrheit kommst, mußt du in die Leidensgeschichte von viel unterdrückter Wut, von Angst und Rache, von Haß, Neid und Verstellung schauen. Die schaut niemand gerne an, deshalb schützt ihr euch voreinander und vor euch selbst durch eine ideologische Tünche von Normalität und Vernünftigkeit.

Aber gehe hindurch. Richte dein Schwert nicht mehr nur gegen andere, sondern auch gegen deine eigenen Angstgespenster wie jemand, der die Drachen bekämpft. Entdecke dein eigenes Urland wieder.

Wisse, daß dahinter ein unglaublich schönes Angesicht der Wahrheit und der Welt auf dich wartet, das du unendlich lieben wirst. Dein Herz wird sich mit Liebe füllen, für dich selbst und für die Welt, wie du es lange vergessen hast.

Dies ist der größte Schutz. Auf dem Grund der Wahrheit selbst verschwindet jede Angst. Auf dem Grund der Wahrheit liegt ein unendlicher Schutz der Lebenskräfte für euch bereit.

Ein ewiger Schleier der Angst löst sich von dir, und dein Auge wird sehend.

Die bewußte Entscheidung, in heiliger Weise zu leben, findet statt, wenn du diesen Urgrund berührst. Mutig lenkst du deine Schritte und deinen Willen in diese Welt. Deine Stimme wird sich mit einer neuen Kraft erheben, und ein urbekanntes und urvergessenes Lied wird über die Erde schwingen.

Ideologien können bekämpft und getötet werden. Die Wahrheit selbst aber hat eine unendliche Überlebenskraft und einen unendlichen Überlebenswillen. Sie will sich ihre Wege bahnen und in dir voll erwachen, so daß kein Feind mehr in sie eindringen und sie zerstören kann.

Das ist das zeitgeschichtliche Erwachen der Urschöpfung in dir mit einem neuen Zeitgeist und einer neuen Kraft. Begib dich mit hinein in diesen Geburtsvorgang. Es ist keine Zeit mehr zu verlieren. Hilf mit, daß Gemeinschaften entstehen, in denen diese Geburt stattfinden kann.

Auf dem Grund der Wahrheit selbst verschwindet jede Angst.

Was tun in dieser schwierigen Zeit?

Gegrüßt sei dieser Tag. ICH grüße den Geist der universellen Liebe. ICH grüße die Gemeinschaft aller Liebenden.

Du fragst, was du tun kannst in dieser schwierigen Zeit?

Sei du selbst in dem großen, umfassenden, universellen Sinn, wie du gemeint bist. Daraus folgt von selbst, daß du Hochmut, Minderwertigkeit, Eitelkeit oder falsche Moral hinter dir lassen wirst. Die Verbundenheit mit deinem höheren Selbst ist auch der beste Schutz vor Eifersucht, Vergleich, Verlustangst und falscher Konkurrenz.

Wahrhaft Friedensarbeit zu betreiben ist der größte und wichtigste Beruf, den du heute ergreifen kannst. Die Wahrheit deines Herzens ist der sicherste Wegweiser. Studiere die Gesetze, durch die Gemeinschaft entsteht. Die Welt ruft nach Überlebenswissen, das aus dem Vertrauen kommt.

Kein Hunger ist so groß in dieser Zeit wie der Hunger nach wirklicher Gemeinschaft. Warte nicht mehr darauf, bis sie für dich da ist, sondern hilf mit aller Kraft, damit sie entstehen kann, wo immer du bist.

Deine eigene Quelle ist dein Schutz. Sie wird sofort wirksam, wenn du deinen natürlichen kosmischen Ort und deine Aufgabe wiederfindest. In dir möchte sich die Welt versammeln und mit deinen Augen erkannt werden.

Das ganze Universum ist die Plazenta für dein Werk, wenn du deine ureigene universelle Aufgabe wiedergefunden hast. Je größer die Aufgabe ist, die du annimmst, desto mehr Kraft wird dir zuströmen, wenn dein Tun und Wollen das Wollen des Universums ist.

Das einzige, was du tun mußt: Sei wach und horche auf die Stimme in deinem Herzen. Schütze sie vor alten Gewohnheiten und vor falscher Moral. Schaue beherzt auf deine Schattenseiten, sie wollen erkannt und transformiert werden.

Wenn du dein Problem lösen kannst, löst du es stellvertretend für viele. Verabschiede dich von Schuldgefühlen und schlechtem Gewissen, die nur Wut auf die Wahrheit in dir hervorrufen.

Pflege die Kraft des Vertrauens durch bewußte Gedanken. Sie sind die Nahrung, welche die neue Welt braucht, damit ihre Keimkraft in dir wachsen kann.

ICH wünsche dir alles Gute.

Sei du selbst in dem großen, umfassenden, universellen Sinn, wie du gemeint bist.

Der Auftrag

Ein Unglück kommt selten allein. Ein Glück kommt selten allein.
Je mehr du es lernst, dich weder mit deinem Glück noch mit deinem Unglück zu identifizieren, desto leichter kannst du durch das Tor gehen, das dich zu höherem Lebenswissen führt. Hier findest du etwas wieder, das dich mit der Weisheit deines eigenen Herzens verbindet.

Glück und Unglück bahnen dir den Weg zu deinem eigentlichen Auftrag.

Finde deinen Lebensauftrag. Höre deinen Auftrag wieder. Lebe deinen Auftrag. Sei dein Auftrag.

In deinem Auftrag liegt dein höchstes Glück, dein Sinn, deine Kraft, deine Geborgenheit, dein Weg und dein Versprechen.

Sei wer du bist und verurteile dich nicht für deine Schwächen. Oft liegt dein ganz besonderer Sinn, deine ganz besondere Stärke, Schönheit und Wahrheit hinter deiner scheinbaren Schwäche verborgen.

Sei, wer du bist. Das ist dein größter und mutigster Beitrag zur Erzeugung des Friedens. Das verbindet dich mit der Quelle des ewigen Lebens.

Gott und du, ihr habt es gleichermaßen gewählt. Auch wenn es dir oft schwerfällt zu glauben. Dein höheres Selbst hat deine höhere Wirklichkeit gewählt und erzeugt und Gott mit ihm.

Die höhere Stimme in dir weiß, weshalb du hier bist. Das Göttliche möchte durch dich wirken. Und doch bist du es, die diesen Weg geht, wählt und verwirklicht. Denn du bist ein Aspekt des Göttlichen, des Ganzen.

Nur das Ego hat eine eigenartige Vorstellung von Selbstverwirklichung und Eigenleistung, von Subjektivität und Objektivität.

Es gibt kein Subjekt, das getrennt wäre vom Ganzen. Es gibt aber auch kein Subjekt, das hinter allen Dingen wirkt. Nur aus der Verbundenheit mit dem Ganzen kann sich das Ganze selbst verwirklichen.

Gehe in dieser Verbundenheit, und du gehst den Weg deiner Vervollkommnung. Wählst du den Weg des Egos, so wählst du den Weg der Verlassenheit und des Untergangs. Denn nur was getrennt ist, vermag zu sterben.

Gehst du den Weg des höheren Selbst und der Verbundenheit, so gehst du den Weg des ewigen Lebens.

Gehe deinen Weg und dein Werden, identifiziere dich nicht mit den Kräften des Egos. So kann viel mehr Lebensglück und Fülle zu dir kommen, und du bist geschützt durch deine kosmische Heimat und Ewigkeit.

Ya azim.

Sei, wer du bist.
Das verbindet dich mit der Quelle des ewigen Lebens.

Identifiziere dich nicht

Das Gleichnis vom Ofen

Was du tun sollst in einer schwierigen Situation?
Identifiziere dich nicht.
Das Leben hat immer eine Antwort für dich bereit.

Die Antwort kann aber nur bis zu dir vordringen, wenn du es gelernt hast, auch in schwierigen Situationen im nichtidentifzierten Zustand zu sein.

Das ist die größte Kunst, die es zu erlernen gilt.

Hinter allem, was du erlebst, gibt es einen tieferen Sinn. Auch deine Krankheit ist ein Versuch, deine Wiederverbindung mit dem Ganzen herzustellen. Es ist ein Hinweis, daß deine geistige Aufmerksamkeit jetzt in Bereiche gelenkt werden muß, wo du sie normalerweise nicht hinlenkst.

Die Nichtverbundenheit kommt fast immer aus einer falschen Anhaftung. Du haftest an Gedanken, Vorstellungen oder Situationen fest, die deinen Geist nicht in die Freiheit lenken können.

Der erste Schritt ist: Werde Zeuge!
Am schlimmsten wird es ja, wenn die Nichtverbundenheit gar nicht wahrgenommen wird. Das Ego ist bereit, viel zu unternehmen, um die wahren Zusammenhänge zu verschleiern.

Du bist also in diesem Moment unverbunden. Nimm dies wahr, informiere und sei bereit, auf eine Antwort zu warten.

Im unverbundenen Zustand ist es natürlich am schwersten zu vertrauen, daß auch eine Antwort kommt. Richte deinen Fokus darauf, wie du wieder in den Raum des Vertrauens eintrittst.

Am leichtesten funktioniert dies, wenn es dir gelingt, für einen Augenblick innerlich tatsächlich still zu werden. **Im Raum der wahren Stille kann am leichtesten die größere Verbundenheit wirken.** Das wußten die vielen Yogameister.

Wenn du in den Raum der Stille gehen möchtest, wirst du am ehesten bemerken, wo du anhaftest.

Laß MICH in einem Gleichnis sprechen. Du möchtest den Gasofen zu dir schieben, um dich an ihm zu wärmen. Der Ofen rührt sich nicht von der Stelle. Du ruckelst und verschwendest viel Kraft. Ärger und Wut steigen auf. Und du denkst: Der Ofen ist schuld. Oder du verfällst in Selbstmitleid, weil du ein Versager bist. Wenn du lange genug in der Ausweglosigkeit getobt hast, hältst du plötzlich inne. Erst jetzt kann die Antwort zu dir kommen. Du bemerkst, daß der Ofen sich in deinem Teppich verhakt hat, und du richtest jetzt deine Aufmerksamkeit dorthin, wo du die Verhakung lösen kannst. Wenn du Hilfe brauchst, wirst du dir Hilfe holen. Plötzlich geht alles ganz leicht.

Ganz ähnlich funktioniert es auch im kosmischen Raum. Im Zustand der Unverbundenheit tobst du in einem unsichtbaren Käfig, der aber ein klares Muster hat. Die Hilfe setzt erst in dem Moment ein, wo du durch die Stille in den Raum der Wahrnehmung kommst. Es ist ein bestimmter Gedanke, der sich verhakt hat, eine bestimmte Vorstellung. Wenn du die wahrgenommen hast, dann kannst du dich entweder selbst lösen oder um Hilfe bitten, wenn du sie brauchst.

Oft ist es der Körper selbst, der Hilfe braucht. Oft kannst du erst in den Zustand der hohen Frequenz und Wahrnehmung kommen, wenn du ihm bestimmte Stoffe oder Drogen zugefügt hast. Ohne das gelingt es dir nicht, die Konzentration zu finden. Das führt aber, dauerhaft praktiziert, zu einer Anhaftung, Fixierung und Abhängigkeit, nicht in die Freiheit. Es erzeugt Angst in dir, wo sie nicht hingehört.

Wenn du dies spürst, dann wende deinem Körper hohe Aufmerksamkeit zu. **Achte auf eine körperliche Gesundheit, die deinen Geist so frei und unabhängig macht wie irgend möglich, so daß er frei wird für die kosmische Stimme des Lebens.**

Wenn wir dies sagen, dann sprechen wir nicht von Askese, nicht von Verzicht. Die stoffliche Fülle des Lebens ist dafür da, um genutzt zu werden. Aber sie soll so genutzt werden, daß sie nicht in die Abhängigkeit führt.

Glaube nicht an diese Anhaftungen. Streife sie ab wie zu eng gewordene Fesseln. Das gilt bei den alten Verhaltensgewohnheiten genauso wie in der Liebe.

Zunächst handelt es sich um ein jahrelanges Training, **dann aber führt es von selbst in eine dauerhafte Verbundenheit, die dir schon beim Aufwachen die Gedanken schenkt, die dich gerne in diesen Tag begleiten.**

So findest du die Gedanken wieder, für die du gerne lebst, für die du gerne liebst und arbeitest, weil sie dich in die dauerhafte Verbundenheit und Liebe führen.

Ya azim.

Die Hilfe setzt erst in dem Moment ein, wo du durch die Stille in den Raum der Wahrnehmung kommst.

Hinweise für deine innere Vorbereitung

Sammle dich auf das Wesentliche.
Übe dich in der Geduld, die aus dem Sehen kommt.
Verbinde dich mit der Wahrnehmung, daß dein drittes Auge ein Sehorgan ist.

Das eine ist die intellektuelle Vorbereitung auf deinen Absprung, damit du weißt, um was es geht; erkenne dich selbst und werde wesentlich.

Das andere ist die energetische Vorbereitung.
Lerne, alle deine Zellen und deinen Leib in einen Zustand zu versetzen, der geöffnet ist, der wahrnehmen kann und der gleichzeitig die Spannkraft in sich trägt, daß er jederzeit bereit ist zu einem Absprung.

Ein angstfreier Mensch ist in jeder Sekunde absprungbereit.

Sammle diese Spannkraft in dir. Handle erst, wenn du weißt, daß es jetzt an der Zeit ist zu handeln.

Wisse, daß alle deine Zellen aus Bewußtsein zusammengesetzt sind und ständig bestimmten Informationen und Energielinien folgen.

Sie folgen gleichsam einem posthypnotischen Befehl, den du selbst ihnen einmal gegeben hast, den du wiederentdecken und verändern kannst.

Der einzige dauerhaft wirksame Weg zur Veränderung ist die Selbsterkenntnis. Kommentiere dich nicht, sondern sieh.

Was ist es noch, das dich hindert, die Wahrheit zu sagen und zu tun?

Je mehr du wirklich wissen willst, je unbeirrbarer dein Entschluß ist und je weicher das geistige Kleid aus Vertrauen dich bettet, desto weiter wird dich deine neue Kraft und Entwicklung führen.

Auch das Vertrauen ist hier und jetzt ein geistiger Entschluß. Welchen Grund gibt es noch zu mißtrauen in eurem Umfeld, das ihr geschaffen habt?

Wenn du noch nicht vertraust, dann nimm wahr, warum. Schau noch nicht zu früh auf deine persönlichen Knoten und Ängste.
Baue dir zunächst diesen energetischen und bewußten Raum auf, und du wirst bemerken, wieviel Geist, Lebensfreude, Neugierde, Gesundheit und Kraft schon allein durch diesen Entschluß zu fließen beginnen.

Aus diesem Aspekt kannst du dann auf die Heilung schauen, die für dich persönlich, karmisch oder geschichtlich zu tun ist.

Ohne diesen Hintergrund macht der Blick auf deine Fehler und Schwächen nur Angst. Wenn du die Angst bemerkst und du spürst, wie sie sich wandelt in Interesse und Wissenwollen, dann bist du auf dem richtigen Weg.

Finde zunächst den Mut, wieder zu vertrauen und zu erkennen. Und nimm wahr, in welchem Ausmaß sich der Mensch als Gattung diesen einfachen Weg über Jahrhunderte verbaut hat.

Verurteile dich und den Menschen nicht dafür, sondern bereite den Schritt zur Veränderung vor. Sieh deine Heilung immer unter diesem geschichtlichen Gesamtaspekt, dann kann die kosmische Kraft und Quelle zu dir strömen, die du brauchst.

Danke und ya azim.

Wenn du die Angst bemerkst und du spürst, wie sie sich wandelt in Interesse und Wissenwollen, dann bist du auf dem richtigen Weg.

Dein Schritt zum Weltfrieden

In Tschetschenien herrscht ein grauenhafter Krieg, an vielen anderen Stellen der Erde ebenso. Ich bitte das göttliche Licht des Lebens, komm zu mir und sprich in allen deinen Aspekten der allumfassenden Liebe. Ich bitte um die Kraft und die Intelligenz, die uns lehrt, wie wir die Aspekte eines möglichen globalen Friedens in uns selbst und an uns selbst verstehen und umsetzen können. Möge eine Handlungskraft daraus erwachsen, die Frieden auf diesem Planeten bewirken kann. Ich bitte um Hinweise, die jetzt für uns alle von Bedeutung sind und die wir anwenden können.

Es gibt nur **ein** Sein.
Solange du an deine eigene Not glaubst, verstärkst du das globale Feld der Not.

Nutze deinen Freiraum, entbinde dich von dem Glauben an dein Leid. Tue es stellvertretend für alle, die jetzt nicht diesen Freiraum und diese Kraft haben und die deine Hilfe dringend brauchen.
Nutze deine Wut, um das Alte von dir abzuwerfen. Laß die Gesetze der feldbildenden Kraft in dir wirksam werden und wirf jede Angst von dir. Du wirst deine Vergan-

genheit nur heilen können durch diesen Entschluß.

Du wirst auch dein persönliches Liebesthema oder dein Alkohol- und Zigarettenthema nur lösen können durch diesen Schritt, durch den ICH in dir wirken kann.

Heilung gibt es nur, wenn du die Liebe annimmst. Verbinde dich mit der Kraft der Ruhe und der Wahrnehmung, aus der das wahre Sehen kommt.

Nimm wahr, wie sehr Vertrauen ein eigener aktiver Schritt ist, zu dem du dich entscheiden kannst und mußt, hier und jetzt. Nimm wahr, daß Vertrauen gelernt sein will und gelernt werden kann.

Nimm wahr, daß erst durch den Schritt des Vertrauens die göttliche Quelle der Heilkraft und Erkenntnis zu dir kommen kann. Folge nicht der Angst. Folge nicht der Wut. Folge dem Licht des Vertrauens in dir.
Vertrauen, das ist die Eigenleistung, die erbracht werden muß von dir, der Rest kann dann von selbst geschehen zur rechten Zeit.

Nimm wahr, wie das Mißtrauen sich zusammensetzt aus eigenen bewußten oder unbewußten negativen Gedanken, für die du nicht entdeckt werden möchtest.

Es gibt aber eine Lichtebene des Vertrauens, wo diese Gedanken von selbst verschwinden und sich wandeln, weil es etwas Höheres gibt, etwas Umfassenderes und Spannenderes.

Nur in der Verbundenheit mit der Kraft des Vertrauens wirst du den Erfolg haben können, den du dir wünschst. Suche jetzt und hier mit aller Kraft die Gedanken auf, die dir das Urvertrauen zurückschenken. Gedanken einer vitalen und parteinehmenden Liebe, Gedanken der Wahrheit, Gedanken deiner inneren Schönheit. **Du wirst merken, daß allein sie die Überlebenskraft in sich tragen und zu dem Wissen führen, das du zu deiner Heilung brauchst.**

Verlasse die Angst. Tritt ein in den Daseinsraum der allumfassenden Liebe. Das ist im Moment der höchste und umfassendste Schritt zum Weltfrieden, den du tun kannst.

Es ist so einfach, elementar und wahr. Nimm dein inneres Licht wahr, das aus dem Vertrauen kommt, und folge ihm. Der Rest kommt von selbst.

Sobald du erkennst, daß die Freiheit eines gelebten Lebens hier und jetzt in dir ist, daß du Vertrauen, Frieden und Glück wählen kannst, verstärkst du ein globales Feld des Vertrauens, das auch in Krisengebieten wirksam werden kann.

Werde zum Lichtbringer, indem du diese Gesetze studierst.

Ya azim.

Es ist so einfach, elementar und wahr.
Nimm dein inneres Licht wahr, das aus
dem Vertrauen kommt, und folge ihm.
Der Rest kommt von selbst.

Umgang mit dem inneren Feind

Es ist an der Zeit, einen kraftvollen Schritt nach vorn zu gehen. Gebt euren Fehlern und Schwächen keine Nahrung mehr. Wenn du beginnst, sie zu sehen und auch in die Kellerräume zu schauen, in die du sonst nie geschaut hast, dann haben sie die Angewohnheit, sich zunächst einmal gewaltig aufzublähen.

Wenn Angst oder Eifersucht oder Haß dich zu belagern beginnen, dann erlaube dies nicht mehr. Wähle aus, an was du dich hingibst.

Es hat keinen Sinn, wenn du dich blind in die Hände deiner inneren Feinde begibst und dann auch noch glaubst, deine Umwelt sei daran schuld.

Setze deine Kampfbereitschaft, die du früher im Äußeren eingesetzt hast, jetzt in deinem Inneren ein. Und vor allem: Glaube nicht mehr an dein Opferdasein. Du bist nicht Opfer, sondern Täter deines Lebens.

Im Inneren braucht dein Kampf neue Strategien. Es genügt nicht mehr, gegen etwas zu kämpfen. Hast du gerade einen Feind zum Schweigen gebracht, so steht irgendwo ein anderer wieder auf. Das gilt im Inneren wie im Äußeren. Die alte Strategie des Ausrottens funktioniert nicht mehr, so wie das Blutvergießen niemals eine wirkliche Lösung sein kann.

Erkenne, wie sehr die Grausamkeit aus der Verzweiflung kommt. Verwandle deine eigene wilde Energie, die sich in blinder Wut austoben möchte, in Kraft und Sammlung. Gehe in die Wahrnehmung. Hole deine Energien zu dir.

Wage es, schaue deinem Feind ins Angesicht. Entdecke hinter seinen vielen Masken sein wahres Gesicht wieder. Erkenne, daß dein Feind ein Teil deiner selbst ist, ein Stück verlassenes, vernachlässigtes, unerlöstes Stück Leben in dir selbst.

Jetzt wirst du die eigentliche Bedeutung und Kraft der Versöhnung erkennen. Auf der tiefsten Ebene geschieht Heilung tatsächlich durch Versöhnung. Diese Versöhnung kann es nur geben, indem du auch deinem Feind einen Weg bahnst, wo er sich wandeln und seine ursprüngliche Kraft wiederfinden kann.

Gehe in die Vision. Gehe dorthin, wo dein Feind sich von selbst verabschiedet, oder wo er in deinem Inneren ein Lebensrecht bekommt, das dem Ganzen dient.

In vielen Feinden wirst du das entgleiste und entstellte Gesicht ursprünglicher Freunde wiederfinden.

Wenn du im Inneren entdeckst, was zu tun ist, dann wird deine Macht und Wirksamkeit im Äußeren sprungartig steigen. Du hast Heilungswissen in dir, das dringend gebraucht wird. Rufe es ab.

Ya azim.

Setze deine Kampfbereitschaft, die du früher im Äußeren eingesetzt hast, jetzt in deinem Inneren ein. Und vor allem:
Glaube nicht mehr an dein Opferdasein.
Du bist nicht Opfer, sondern Täter deines Lebens.

Karmische Heilung

Es gibt dunkle Stellen in eurem Leben. Ihr habt Kellergeschosse in eurer Seele, in die ihr lieber nicht hineinblickt. Sie sollen ausgeräumt und gereinigt werden.

Immer wenn du in die wirklich dunklen Zonen deiner karmischen Gesamtgestalt kommst, wird in dir die Frage auftauchen: Warum soll ich da überhaupt hin? Warum soll ich das anschauen? Reicht es nicht, wenn ich mich jetzt in diesem Leben für das Gute entscheide?

Für eine umfassende und globale Heilungsarbeit genügt dieser Weg nicht. Auch nicht für deine wirkliche innere Heilung und Befreiung.

Versuche den Punkt wiederzufinden, wo du in die Täterschaft gegangen bist. Oder versuche den Punkt wiederzufinden, wann und warum du Opfer geworden bist.

Wenn du in deine karmische Geschichte zurückgehst, werden zunächst verschiedene Inkarnationen auftauchen, und du wirst sehen, daß sich in gewisser Weise immer ein gleiches Thema durchzieht.

Irgendwann kommst du an den Ursprungsort zurück. Du wirst sehen, wann und warum du das erste Mal in den karmischen Reigen von Opfer- und Täterschaft eingetreten bist.

Dieser Punkt ist wie ein ganz persönliches Nadelöhr. An dieser kosmischen Stelle wirst du die Ursachen für die Spaltung in Opfer- und Täterdasein wiederfinden und du wirst erkennen, was es für dich ganz persönlich bedeutet, dich für das Gute zu entscheiden und ein heiliges Leben zu führen.

Hinter diesem Punkt öffnet sich das volle kosmische Heilungswissen für dich. Wenn du durch diesen Punkt hindurchgegangen bist, dann kommt die Wiedererinnerung, es kommt das kosmische Leuchten zurück, an dem du erkennend wirst.

Jetzt beginnt dieser Planet wieder zu leuchten, du erkennst deine Heimat wieder, die sich dir sonst immer erst nach der Stunde deines Todes geöffnet hat.

Finde den Wissensring wieder, finde die Motivation wieder, die dich ursprünglich geleitet hat, und nimm wahr, durch was du dieses Wissen verlassen hast. Du löst damit nicht nur deine persönliche Hypnose auf, sondern du beginnst einen festen Ring der Hypnose zu öffnen, der sich um den ganzen Erdball gelegt hat. Es ist der Ring von Hypnose und Angst, von Vergessenheit und Gewalt, der zu Beschneidung, Folter und Mord, zu Qual und Leiden geführt hat.

Der wesentliche Punkt lautet: Identifiziere dich nicht. Die ganze Qual hat ja damit begonnen, daß Menschen anfingen, sich mit etwas zu identifizieren, das sie nicht sind.

Du wirst sehen, daß die Nichtidentifizierung für Täterseelen leichter ist. Sie konnten ihre Tat erst dadurch vollziehen, daß sie ihre Herzen verschlossen hielten. Wenn nun dein Herz sich zu öffnen beginnt, dann kommt eine neue Trauer und ein neuer Schmerz. Du fühlst dich aufgeweicht, unsicher, fast kindlich. Auch hier gilt: Identifiziere dich nicht.

Übe die Kunst der Nichtidentifizierung mit geöffnetem Herzen. Tritt ein in das große Mitleiden, das dieser Planet braucht. Aber laß dich dadurch nicht in die Ohnmacht treiben.

Laß dies zu, es ist wie eine innere Waschung und Reinigung, die deinen Leib und deinen Geist von alter Schlacke befreit. Dein Herz möchte sich jetzt öffnen, es möchte sehend werden. Es möchte den Ring der Schuld endgültig von sich streifen, der dir so lange das Gefühl gab, daß du dein Herz nicht wirklich öffnen darfst. Jetzt aber bist du angetreten für die Liebe. Und was das ist, das kennst du ja aus den kosmischen Räumen.

Verwirkliche sie hier und warte nicht mehr auf ein nächstes Leben. Erkenne wieder, warum du angetreten bist.

Der wesentliche Punkt lautet: Identifiziere dich nicht.

Ich bin ein Organ Gottes

Ich bin ein Organ Gottes.
Ich festige dieses Bild so oft ich kann. Ich lasse es immer mehr zu meiner eigentlichen Natur werden.

Ich informiere mein Unbewußtes durch dieses Bild. Ich verbinde mich mit der Vision eines heiligen Lebens, das ich tatsächlich leben kann. Mein Leben sei mein Gebet.

Die Vision hat in sich eine große Kraft. Nichts ist mächtiger als eine Vision, mit der ich ganz verbunden bleibe.

Je mehr mir meine Vision zur zweiten Natur wird, desto mehr Wirklichkeit vermag sie anzuziehen. Je verbindlicher meine Vision wird, desto mehr trägt sie mich auch in schwierigen Situationen. Je umfassender meine Vision wird, desto mehr wird sie ein Teil des schöpferischen Heilungsvorgangs in der Welt.

Auf diesem Weg verabschiede ich alle alten Bilder einer Religion, die mit einem strafenden Gott verbunden war.

Ich bin ein Organ Gottes. Als dieses Organ suche und finde ich Gott in meinem eigenen Inneren. Hier finde ich den Spiegel für eine vollkommene Welt. Hier liegt die Verbindung von meinem eigenen tiefsten Wollen mit dem Wollen der göttlichen Kraft.

Es ist eine Entscheidung, Gott in sich wiederzuerkennen, zu sehen und zu verwirklichen. Mit dieser Entscheidung wächst ein großes Vertrauen.

Diese göttliche Kraft in mir will mit unbändigem Verlangen eine Welt des Friedens, der Gemeinschaft, der geistigen Präsenz und der sinnlichen Freude verwirklichen. Mit ihr gehe ich diesen Weg. Von ihr lasse ich mich führen. Sie ist meine große Hilfe, die Angst zu verlassen und den Weg des Vertrauens zu gehen.

Ich erkenne, daß Gott bei mir ist, an einer großen inneren Freude und Geborgenheit, die mir ihren Weg bahnt durch alle Schwierigkeiten.

Diese göttliche Kraft schenkt mir die Verbundenheit mit allem Sein. Sie ist eine revolutionäre Kraft, die mich mit der

Wahrheit verbunden hält, weil ich keine Wahrheit mehr zu fürchten brauche.

Ein Organ Gottes zu sein verbindet mich mit der Gemeinschaft aller Lebewesen, wo immer ich bin. Das ist die Quelle der Transformation, die den geschichtlichen Wandel einleiten wird.

Danke und Amen.

Die göttliche Kraft schenkt mir die Verbundenheit mit allem Sein. Sie ist eine revolutionäre Kraft, die mich mit der Wahrheit verbunden hält, weil ich keine Wahrheit mehr zu fürchten brauche.

Wahrheit und Heilung

Wo Menschen sich in Wahrheit begegnen, da entsteht Heilung. Du selbst stellst Vertrauen her, wenn du die Wahrheit herstellst.

Wisse, daß du immer eine kosmische Unterstützung hast, wenn du bei der Wahrheit bleibst. Die göttliche Quelle in dir, das ist die Wahrheit in dir. Solange wir uns selbst das Lügenkonto zugestehen, tragen wir bei zu Krieg, Angst und Gewalt.

Wo Menschen sich in Wahrheit begegnen, da entsteht Heilung. Folge nicht mehr der Verstellung, folge der Wahrheit, und dein Leben wird sich verändern. Warte nicht mehr darauf, daß es sich verändert. Es verändert sich von selbst, wenn du dich für die Wahrheit entscheidest.

Du bist also herausgefordert, gegen den Strom zu schwimmen. Du fragst, woher du die Kraft nehmen sollst? Die Kraft kommt von selbst, wenn du dich in deinem Inneren für die Wahrheit entschieden hast. Angst und Lüge sind Zwillinge. Wahrheit hat die Kraft, die Angst zu überwinden.

Wer sich innerlich für die Wahrheit entschieden hat, der findet auch die Kraft und das Wissen, die Dinge so zu sagen, daß sie wirksam werden können.

Es geht nicht darum, jedem Menschen die Wahrheit vor den Kopf zu knallen. Es ist eine Entscheidung im Inneren, die mich veranlaßt, auch in die Bereiche hineinzuschauen, von denen ich bisher partout nichts wissen wollte.

Es ist eine innere Entscheidung, die Wahrheit wissen zu wollen. Jetzt beginne ich zu sehen und zu erkennen, wer ich bin – auch dort, wo ich es vorher nie wissen wollte.

Verbunden mit der Wahrheit beginnt der Weg der Anteilnahme am Schicksal anderer. Ich trete in die Mitte meines eigenen Handelns, ich hole die Verantwortung zu mir. Ich wähle den Weg des Vertrauens und der

Wahrheit und betrete so das heilige Leben. Ich vertraue auf die innere Führung, die aus diesen Quellen kommt.

Ya azim. Gesegnet sei die Liebe zur Wahrheit.

Folge der Wahrheit,
und dein Leben wird sich verändern.
Warte nicht mehr darauf, daß es sich verändert.
Es verändert sich von selbst, wenn du dich
für die Wahrheit entscheidest.

Garten Eden

Stell dir vor, du befindest dich vor einem Zeittor. Dieses Tor ist die Öffnung ins Paradies. Du gehst hindurch und schaust in eine neue Welt. Es ist tatsächlich der Garten Eden.

Er existiert als latente Realität bereits jetzt. Lebe im Bewußtsein dieser höheren Gegenwart. Höre den Ruf der Vögel, der Pflanzen, der Tiere und Engelwesen. Sie warten auf den Menschen.

Eine ganze Welt möchte sich dir offenbaren – in dir selbst und um dich herum.

Erkenne in dir selbst deine eigene höhere Gestalt wieder. Sie existiert bereits jetzt in diesem Augenblick. Es ist eine Frage der Frequenz und der Öffnung, sie wahrzunehmen.

Der Garten Eden kann sich erst verwirklichen, wenn du den Weg des Vertrauens gehst. Er geschieht und vollzieht sich aus der Welt der Verbundenheit heraus.

Der Garten Eden basiert auf dem Prinzip der Ergänzung, des Erkennens, des Sichzeigens und des Vertrauens. Der Mensch muß sich entscheiden, aus der Welt der Trennung auszutreten.

Sorge dafür, daß die Informationen, die du aussendest, eindeutig sind. Sorge dafür, daß du nicht etwas anderes wünschst, als du öffentlich sagst. Sende deine Informationen in die Welt und warte darauf, was die Welt dir antwortet.

Erfolg kommt von erfolgen und ist eine Folge von Informationen, die wir in die Welt senden.

Sei wie ein Delphin. Delphine können nicht lügen.

Tiere, Pflanzen, Steine, Elemente und geistige Wesen warten darauf, daß Menschen wieder mit dem Ganzen verbunden sind und ganz in der Wahrheit leben. Dann können wir gemeinsam den Weg des Vertrauens gehen, dann kann auch das Fest der Offenbarung beginnen.

Öffne das Tor auch im Bereich der Liebe unter Menschen. Hier ist das Tor der Entscheidung: Lüge oder Wahrheit, Angst oder Vertrauen, Enge oder Freiheit, Reaktion oder Wahrnehmung, Vorwurf oder Heilung?

Warte nicht auf andere. Beginne mit deiner eigenen Wahrheit. Für den Rest sorgt das Göttliche in dir.

Trachtet zuerst nach dem Reich Gottes und seiner Schönheit, so wird euch alles Übrige zufallen.

Warte nicht auf andere.
Beginne mit deiner eigenen Wahrheit.
Für den Rest sorgt das Göttliche in dir.

Sehen mit dem Herzen

Wenn du mit dem Herzen sehend wirst, dann kann auch das Herz der Erde heilen. Und wenn das Herz der Erde zu heilen beginnt, dann kann das Herz des ganzen weiblichen Geschlechts heilen und seine Funktion und Liebe wieder annehmen, die ihm eigentlich zukommt.

Wenn du mit dem Herzen sehend wirst, wirst du zur Ökologin, zur Heilerin, zur Revolutionärin und zu einer wahren Liebhaberin.

Damit kann auch die wahre Heilung des männlichen Geschlechts beginnen. Neue Rollen der Heilung können wieder wahrgenommen und empfangen werden.

Jetzt, wo ihr dabei seid, die Ruhe der Wahrnehmung und das Sehen, das aus dem dritten Auge kommt, immer mehr zu finden, jetzt könnt ihr auch beginnen, mit dem Herzen zu sehen. Ihr könnt euer Herz sprechen lassen.

Das sehende Herz findet die Kraft, den Mut und die Ausdauer, um auf den Grund zu schauen.

Ihr werdet merken, wie viele Sehnsüchte, Wünsche, Begehren, die ihr für die euren haltet, von euch abfallen. Es wird euch plötzlich alles unendlich klein vorkommen, was ihr alles so gedacht und gefühlt habt.

Mit dem sehenden Herzen öffnet sich ein neuer Raum. Die Nüchternheit und die wahre Größe der universellen Liebe können Einzug halten.

Du wirst merken, was du alles getan hast, damit du den Schmerz der Erde nicht sehen mußt. Mit dem sehenden Herzen siehst du zwar den Schmerz und die Trauer dieser Erde, aber sie führen dich nicht länger in die Resignation, es strömen dir auch die Antworten zu. Du erkennst, was du zu tun hast, und es gibt keinen Zweifel mehr daran, daß du es tun wirst.

Mit sehendem Herzen weißt du, daß deine volle Heilung globale Wirksamkeit haben wird und daß du zu einem global denkenden und handelnden Wesen wirst.

Mit dem sehenden Herzen gibt es keine Konkurrenz, keine Eifersucht und keinen Haß mehr, denn du bist verbunden mit der Erkenntnis, die aus der universellen Liebe kommt.

Mit dem sehenden Herzen gibt es noch die Trauer, das Mitgefühl, die Anteilnahme, den Schmerz und den heiligen Zorn. Aber über alledem liegt doch die Verbundenheit und das Glück, das aus der Liebe und aus der Wahrnehmung für die Möglichkeiten dieses Daseins kommt.

Gott ist die Liebe. Diese Quelle findest du auch im Schmerz und in der Not. Und sie hat Heilkraft, wo immer du bist.

Aus diesen Quellen der Wahrnehmung wird dir eine immer größere Handlungskraft zuteil, um die Glücks- und Liebesfähigkeit zu vermehren. Denn allein diese Handlungskraft vermag diesen Planeten zu heilen.

Im Namen deiner Kraft und deiner Liebesfähigkeit, im Namen deines geöffneten Herzens.

Ya azim.

Das sehende Herz findet die Kraft, den Mut und die Ausdauer, um auf den Grund zu schauen.